Heilmassage
zum Wohlfühlen

Hinweis:
Die Anleitungen in diesem Buch sind sorgfältig recherchiert und geprüft worden. Dennoch ist jegliche Haftung für Personen-, Sach- und Vermögensschäden ausgeschlossen, soweit gesetzlich zulässig. Insbesondere handelt es sich bei den Ratschlägen und Empfehlungen dieses Buchs um unverbindliche Auskünfte gemäß § 676 BGB.

Die Originalausgabe erschien unter dem Titel „Healing Self-massage“

First published in Great Britain by Collins & Brown Limited,
a member of Chrysalis Books Group Plc,
The Chrysalis Building, Bramley Road, London W10 6SP, UK

Bildnachweis
Alle Fotografien (inklusive der Covermotive) wurden von Neil Sutherland aufgenommen, außer:
S. 6 Mary Evans Picture Library
S. 7 Werner Forman Archieve
Zeichnungen von Juliet Percival

Produktion der deutschen Ausgabe:
Redaktionsbüro Kramer, Weißenfeld/München
Übersetzung: Rita Penney, Capolivere, Italien
Satz und dtp: Anja Kramer, Weißenfeld/München

1. Auflage
www.MOEWIG.de

Printed in Singapore
ISBN 3-8118-1533-4

Kristine Kaoverii Weber

Heilmassage zum Wohlfühlen

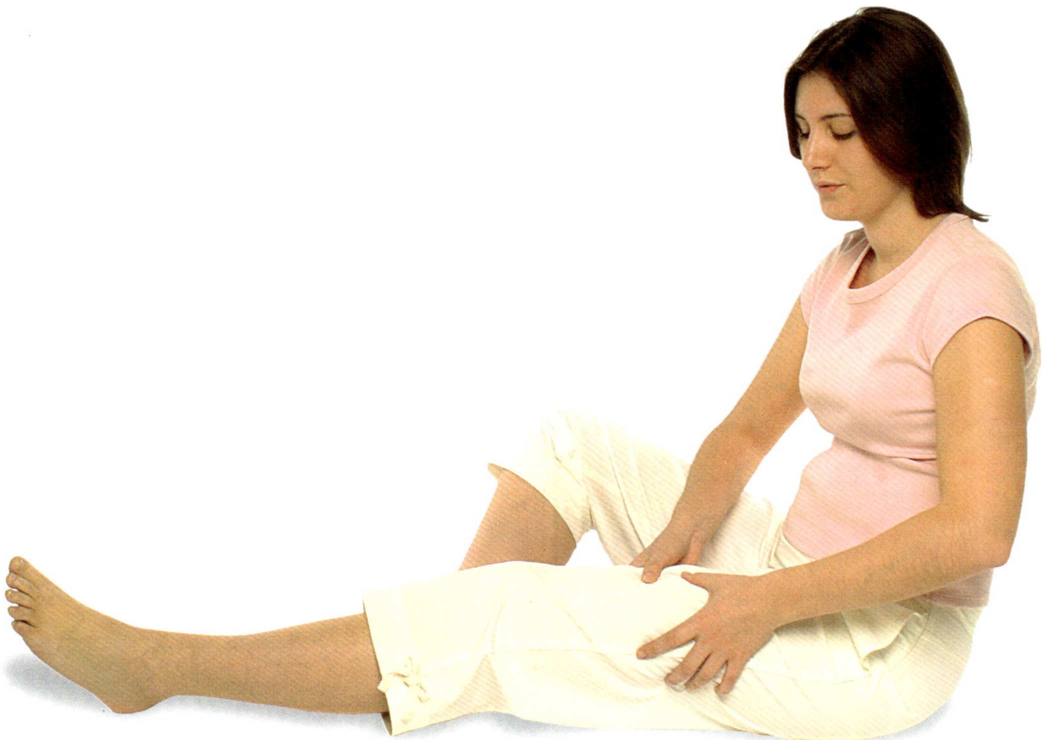

MOEWIG

Inhalt

Einleitung

Bevor es Muskel entspannende Arzneimittel, Aspirin und Chiropraktiker gab, benutzten die Menschen ihre Hände, um Schmerzen wegzumassieren. Wir wissen, dass die Massage eine lange Geschichte hat, denn sowohl in der Kunst als auch in der Literatur antiker Kulturen von China und Indien bis nach Griechenland und Ägypten wird die Massage als ein integraler Teil der Heilmethoden dargestellt.

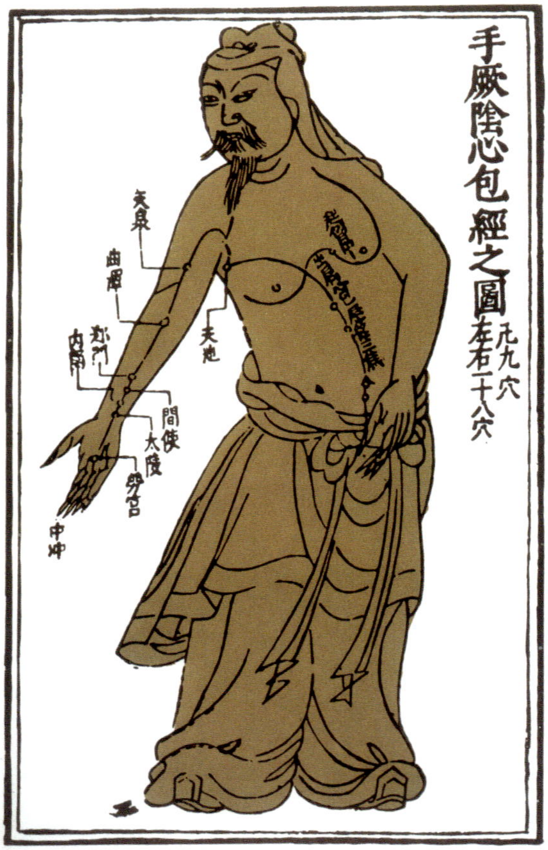

Eine antike chinesische Illustration der Akupunkturzonen.

In der westlichen Welt wurde die Massage allerdings bis ins 20. Jahrhundert hinein nicht als seriöse Heilmethode betrachtet, doch heute erlebt sie eine Renaissance; sie wird immer populärer und die Massagestile werden immer anspruchsvoller. Für viele Menschen ist die regelmäßige professionelle Massage zu einem wichtigen Teil ihres körperlichen – aber auch geistigen und emotionalen – Wohlbefindens geworden.

Sicher haben auch Sie schon die Wirkung einer Massage erfahren und vielleicht kennen Sie auch schon die ganz besondere Kraft der Selbstmassage, denn sie ist eine ganz natürliche und gesunde Methode, uns selbst etwas Gutes zu tun.

Wenn wir uns zum Beispiel verletzen, besteht unsere erste Reaktion darin, den angestoßenen Zeh oder den angeschlagenen Ellbogen zu reiben, um den Schmerz zu lindern. Wenn wir Kopfschmerzen haben, halten wir unsere Stirn oder reiben uns den Nacken und angestrengte Augen beruhigen wir mit unseren warmen Fingerspitzen.

Sogar die einfachsten Eigenmassagetechniken haben eine große Wirkung; sie fördern die Entspannung, lösen Stress, verbessern den Kreislauf und wirken schmerzlindernd. Dieses Buch ist ein Leitfaden in die heilende Welt der Selbstmassage.

Alle Techniken in diesem Buch sind einfach und klar dargestellt. Viele können Sie sofort und immer anwenden, egal, wo sie sich gerade befinden: im Büro oder im Flugzeug – sogar während einer geschäftlichen Besprechung. Bei anderen Techniken sollten Sie sich danach ein wenig Zeit zum Entspannen nehmen.

Eine antike ägyptische Wandmalerei aus dem Grabmal in Ankhmahor, zwischen 2345 und 2181 v. Chr. Die Szene stellt eine Handmassage dar.

Die Schnellmassagen helfen sofort und sogar, wenn Sie gerade auf dem Sprung sind. Wählen Sie die Massagetechniken, die am besten zu Ihrer Situation und zu Ihrer Lebensweise passen.

Dieses Buch kann natürlich keine medizinische Behandlung ersetzen und ist auch keine Hilfe, um Krankheiten zu heilen. Wenn Sie ernsthaft krank sind, sollten Sie erst Ihren Arzt fragen, bevor Sie diesen Leitfaden zur Selbstmassage benutzen.

Zur Benutzung dieses Buches

Sie haben dieses Buch sicher gekauft, weil Sie die heilende Kraft Ihrer Hände spüren. Mit den folgenden Informationen können Sie diese Energie richtig einsetzen, um die kleinen Unpässlichkeiten des Lebens zu mildern und Ihr Wohlbefinden zu stärken. Teilen Sie das, was sie gelernt haben, mit Ihrer Familie und Ihren Freunden, so dass auch sie danach ihre eigenen inneren Heilkräfte erleben können.

TEIL 1: MASSAGETECHNIKEN

Dieser Abschnitt macht Sie vertraut mit den verschiedenen Techniken, die für die Selbstmassage notwendig sind. Sie werden feststellen, dass die Massagetechniken sehr unterschiedlich sind. Während die schwedischen Techniken lang und beruhigend sind, wirken die Akupressurtechniken sehr viel gezielter. In der Reflexzonentherapie werden wieder andere Techniken eingesetzt, mit direktem Druck auf einen ganz bestimmten Punkt. Natürlich müssen Sie kein Experte werden, um die Selbstmassagetechniken wirksam einsetzen zu können, aber Sie werden die Übungen in diesem Buch erfolgreicher und selbstsicherer einsetzen, wenn Sie sich vorher mit den verschiedenen Stilen vertraut machen.

TEIL 2: ERLEICHTERUNG BEI ALLTAGSBESCHWERDEN

Für jede Beschwerde gibt es, abhängig von der Situation, verschiedene Techniken, die Erleichterung verschaffen können. Häufig finden Sie in diesem Teil des Buches auch „Soforthilfen", die sich dann anbieten, wenn Sie gerade im Büro sind oder wenig Zeit haben. Aber auch für die anderen Techniken benötigen Sie selten mehr als 15 Minuten und viele können ganz unauffällig an jedem Ort durchgeführt werden. Vergessen Sie nicht, dass die Stetigkeit sehr wichtig ist. Wenn Sie die vorgeschlagenen Zeiten einhalten, wird Ihre Eigenbehandlung erfolgreicher sein. Wenn eine Technik nicht funktioniert, können Sie eine andere ausprobieren. Wichtig ist, dass Sie es sich ganz bequem machen, bevor Sie mit der Massage beginnen. Entspannen Sie sich und atmen Sie tief durch, dann kann die Massage viel tiefer wirken. Und diese natürliche Heilwirkung ist ein wichtiges Element der erfolgreichen Eigenbehandlung.

TEIL 3: WELLNESSPROGRAMM

Dieser Abschnitt gibt Ihnen eine Einführung in das „Do-In", die Jahrtausende alte chinesische Methode der Selbstmassage. Wenn Sie diese Massage täglich anwenden, werden Sie voller Energie und bei bester Gesundheit bleiben.

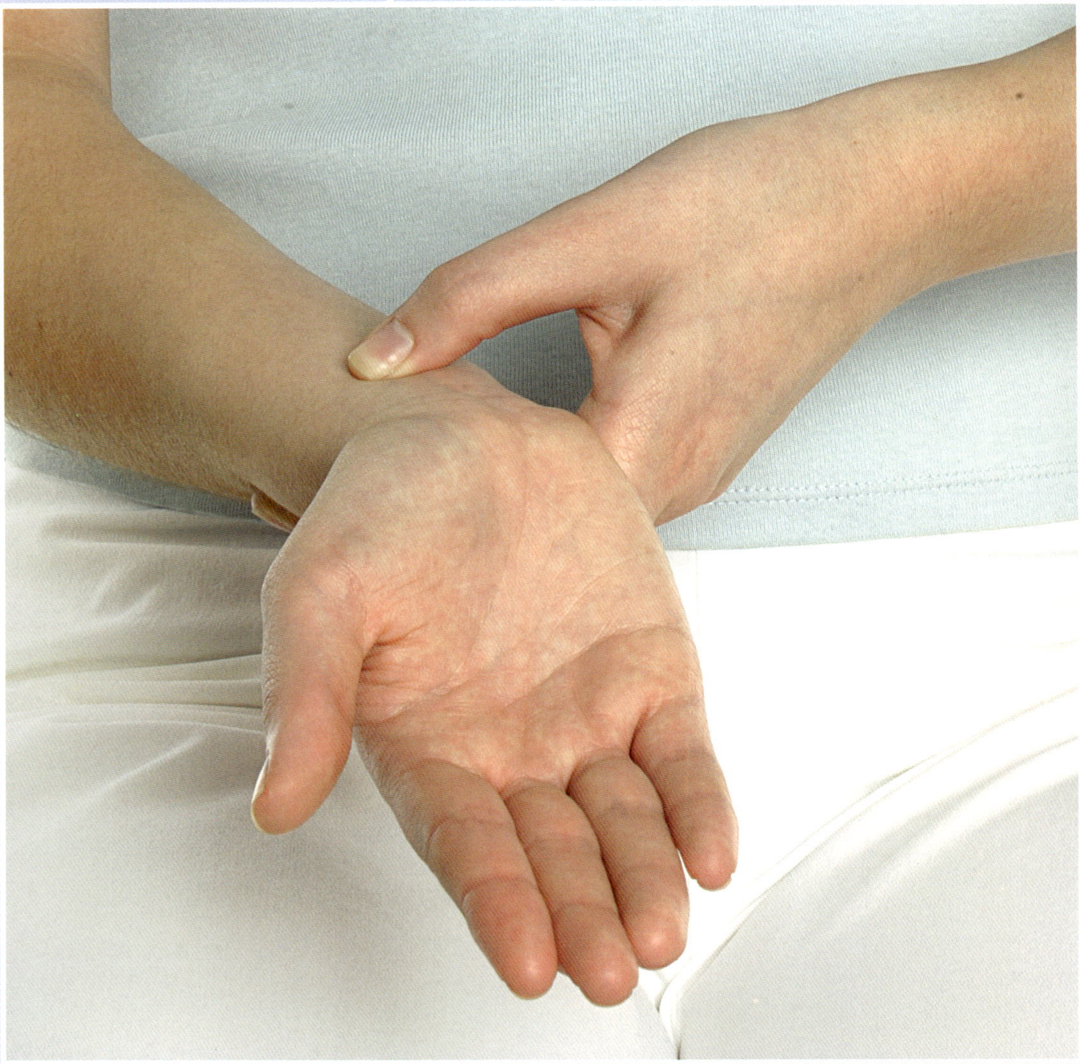

MASSAGE-
TECHNIKEN

Schwedische Massage

Die Ursprünge

Die Schwedische oder Klassische Massage ist heute die bekannteste und anerkannteste Massagetherapie. Ihr Ursprung wird auf Dr. Per Henrik Ling (1776–1839) zurückgeführt, einen Fechter, der unter rheumatischen Beschwerden in der Schulter litt und sich selbst mit einer Kombination aus Übungen und Massage heilte. Er propagierte sein Heilsystem in der Öffentlichkeit, das später unter dem Namen „Schwedische Gymnastik" bekannt wurde.

Lings System war einzigartig, denn er kombinierte körperliche Übungen mit der Massage ganz spezieller Bereiche. Doch die eigentliche Schwedische oder Klassische Massage, die heute gelehrt wird, wurde von dem holländischen Arzt Johan Georg Mezger (1838–1909) entwickelt. Er übernahm französische Namen, um die Grundgriffe seiner spezifischen Therapie zu systematisieren.

Die Schwedische Massage ist die Basis fast aller westlicher Massagestile. Es ist deshalb wichtig, einige schwedische Grundgriffe zu kennen, um die Selbstmassage wirksam auszuführen.

WIE FUNKTIONIERT ES?

Die Schwedische Massage beruht auf einigen Grundgriffen, die variiert werden. Man geht davon aus, dass jeder Griff eine spezifische therapeutische Wirkung hat, also etwa die Entspannung von Muskeln und blockierten Bereichen, die Erhöhung der Blut- und Lymphzirkulation, die Linderung von Schmerzen und die schnelle Genesung nach Muskelzerrungen. Die Griffe werden meist in Richtung Herz ausgeführt, denn so wird der Kreislauf verstärkt und der Ausscheidungsprozess von Giften aus den Muskeln angeregt. Bei der Selbstmassage ist dies allerdings nicht immer durchführbar – so streichen Sie zum Beispiel bei der Fußmassage (siehe S. 14) vom Herzen weg. Die Schwedische Massage darf nicht durchgeführt werden bei Hautinfektionen, Wunden, Quetschungen und Entzündungen.

DIE GRIFFE

Obwohl es verschiedene schwedische Massagetechniken gibt, reichen die folgenden drei für die Selbstmassage vollkommen aus. Machen Sie sich keine Sorgen, wenn Sie sich die französischen Namen der Techniken nicht merken können, denn alle Massagetechniken in diesem Buch haben auch einen deutschen Namen.

Die Griffe

Lange Streichbewegung (Effleurage)

Dieser Griff wird in der Schwedischen Massage am häufigsten angewendet. Er besteht aus einem einfachen Gleiten über die Haut.

Kneten (Petrissage)

Mit diesem Knetgriff wird der Muskel angehoben und gedrückt oder gepresst. Petrissage wird angewendet, wenn man die Giftstoffe aus dem Muskel pressen oder Verspannungen auflösen will.

Reiben (Friktion)

Das Reiben wird angewendet, wenn man noch tiefer gehen möchte als beim Streichen und Kneten. Meist benutzt man es auf kleinen Bereichen oder um die Knochen herum.

Schwedische Fußmassage in Eigenbehandlung

Um den Griff Effleurage selbst anzuwenden, sollten Sie die Strümpfe ausziehen, sich bequem auf einen Stuhl setzen und den rechten Fuß auf den linken Oberschenkel legen. (Keine Sorge, wenn Sie das nicht schaffen – im weiteren Verlauf des Buches kommen wir zu anderen Übungen, in denen Sie Effleurage anwenden können.) Reiben Sie die Hände gegeneinander, damit Sie warm werden. Wenn Sie möchten, können Sie etwas Öl benutzen, aber das ist nicht notwendig.

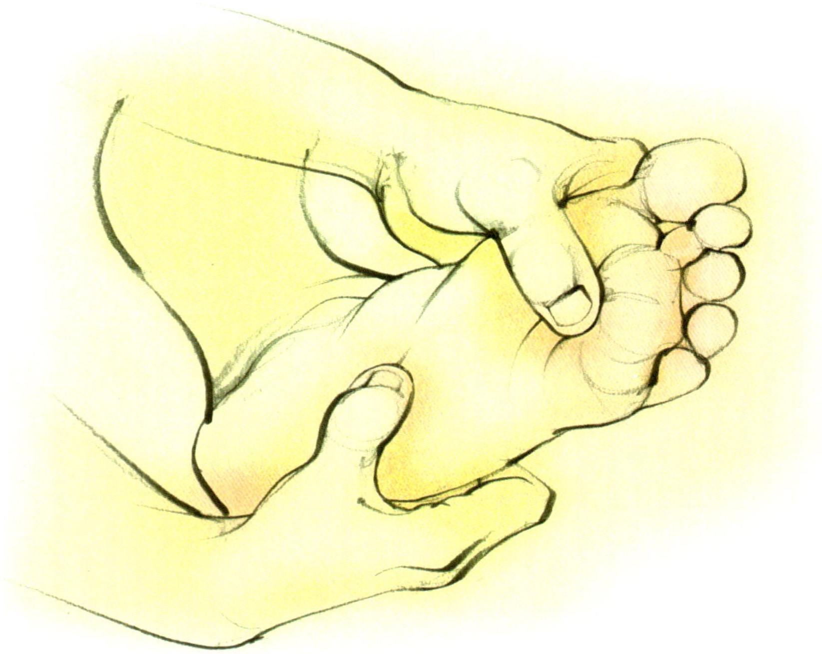

Mit der Innenseite eines Daumens gleiten Sie an der ganzen Fußsohle hoch, von den Fersen bis zu den Zehen. Bevor Sie bei den Zehen angekommen sind, beginnen Sie mit dem anderen Daumen wieder unten. An schmerzenden Stellen drücken Sie etwas fester. Sie können die Streichbewegung dann etwas verkürzen bis zu dem schmerzenden Punkt. Dieses Daumenstreichen machen Sie etwa 2 Minuten, dann wiederholen Sie es am anderen Fuß.

Schwedische Armmassage in Eigenbehandlung

Wenn Sie die Füße nicht bequem erreichen können, probieren Sie die Effleurage an den Armen aus. Bei dieser Anwendung sollten Sie etwas Kurzärmeliges tragen. Reiben Sie die Hände gegeneinander zum Aufwärmen. Wenn Sie möchten, können Sie auch hier etwas Öl nehmen.

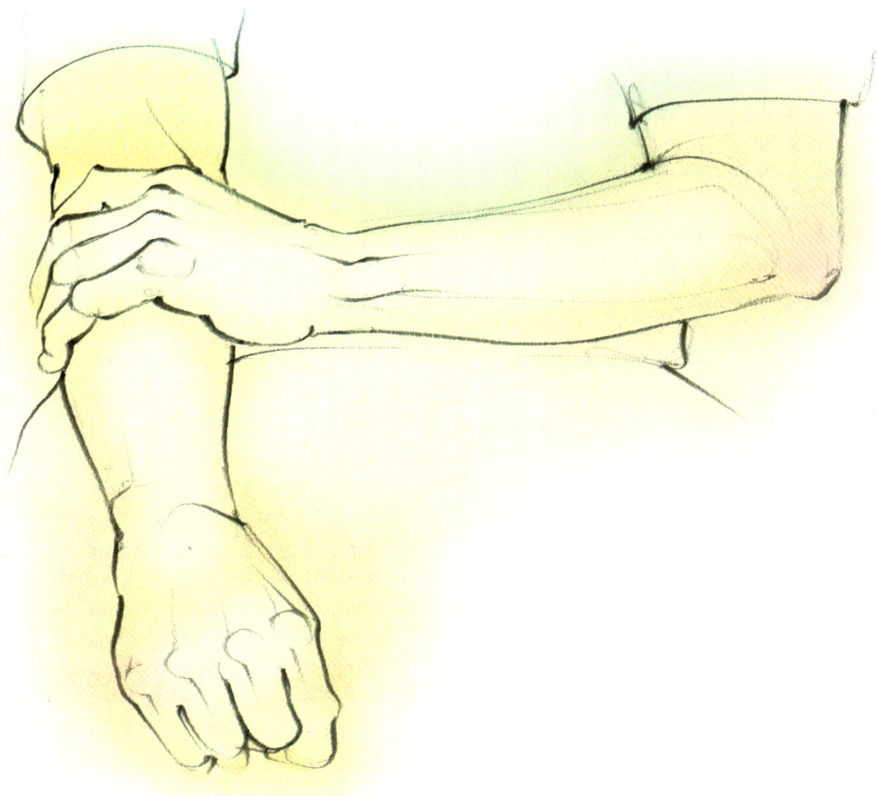

1 *Legen Sie die Hand über die Außenseite Ihres anderen Handgelenks, die Finger greifen um das Handgelenk, ihr Daumen ist fest unter dem Handgelenk. Die Finger bleiben zusammen. Mit etwas Druck gleiten Sie (in einer Bewegung) den Arm hoch bis zur Schulter. Mehrmals wiederholen.*

2 *Dann setzen Sie sich für einige Augenblicke still hin und vergleichen das Gefühl in beiden Armen. Vielleicht verspüren Sie ein warmes, kitzelndes oder entspanntes Gefühl in dem Arm, den Sie gerade massiert haben. Wiederholen Sie die gleiche Technik am anderen Arm.*

Schwedische Schultermassage in Eigenbehandlung

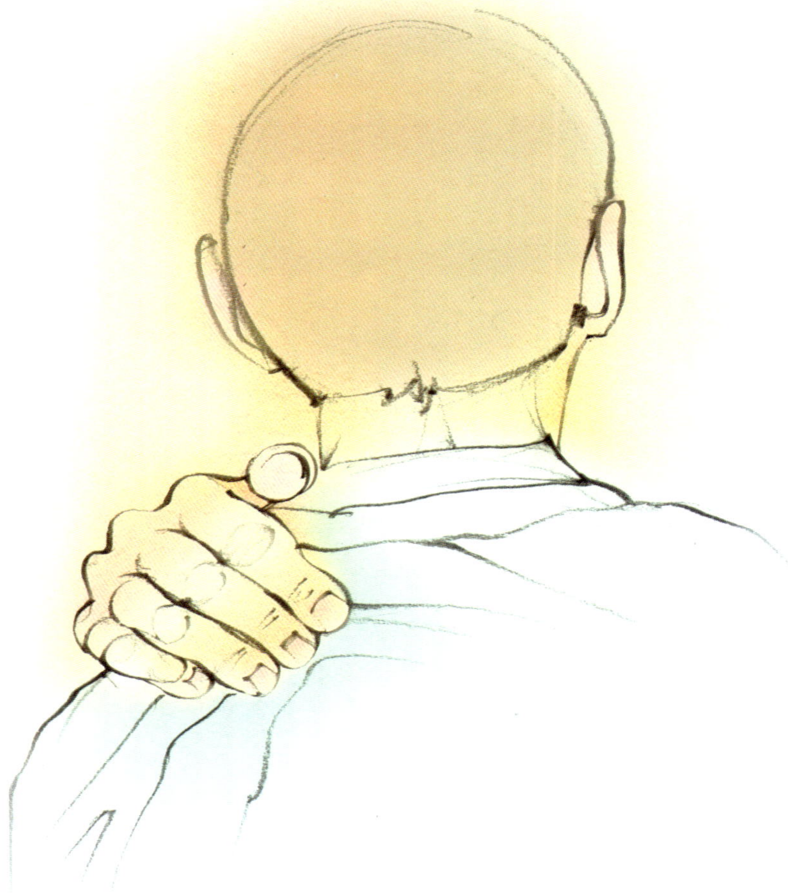

1 Setzen Sie sich auf einen bequemen Stuhl. Mit langen, tiefen Streichbewegungen gleiten Sie mit den Fingern der rechten Hand von der Schädelbasis mehrmals zur Außenseite Ihrer linken Schulter. Die Finger bleiben zusammen.

2 Zum Kneten (Petrissage) legen Sie die Finger und den Daumen auf die Rückseite des dicken Muskelbandes auf der Schulter. Der Handballen liegt direkt über dem Schlüsselbein. Jetzt pressen Sie Ihre Finger und den Handballen zusammen und halten kurz. Mehrmals wiederholen. Nach jedem Pressen verschieben Sie die Hand um einige Millimeter. An den schmerzhaften Punkten können Sie etwas länger verweilen und stärker drücken. Mindestens 1 Minute fortfahren.

3 Danach setzen Sie sich ruhig hin, atmen tief und spüren den Unterschied zwischen den beiden Schultern. Auf der anderen Schulter wiederholen. Versuchen Sie den Druck etwas zu verändern, indem Sie manchmal mehr mit den Fingerspitzen und manchmal stärker mit dem Handballen pressen.

Schwedische Kiefermassage in Eigenbehandlung

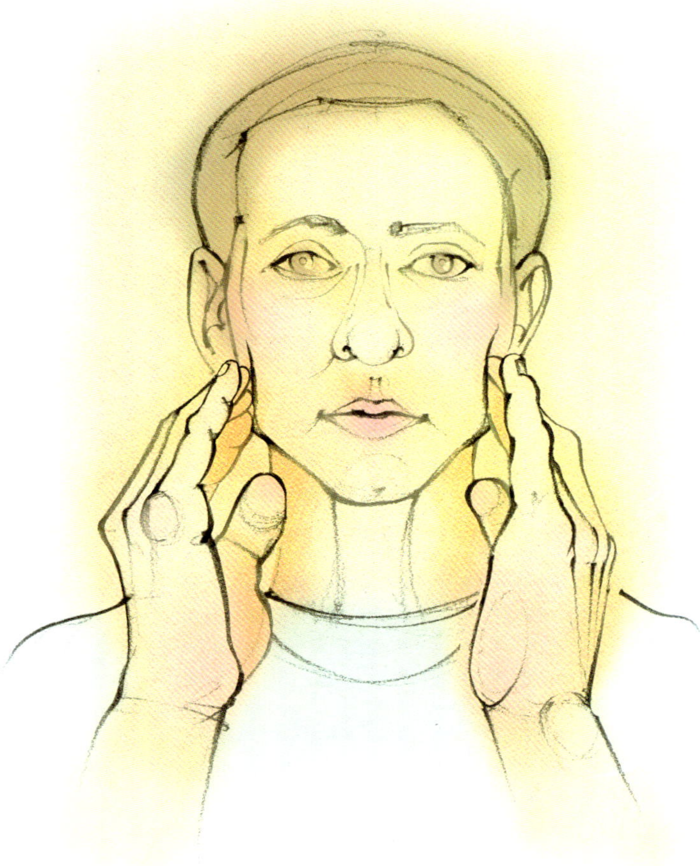

1 *Legen Sie die Fingerspitzen kurz vor den Ohren auf die Wangen. Wenn Sie jetzt die Kiefer zusammenpressen, spüren Sie, wie sich ein Muskel abzeichnet: das ist der Muskel, der massiert werden soll. Entspannen Sie jetzt den Kiefer und machen Sie mit Ihren Fingerspitzen kleine, kreisende Bewegungen in beide Richtungen. Dieser Griff wird „kreisförmige Reibung" genannt. Die Stelle könnte schmerzhaft sein, daher beginnen Sie ganz sanft und erhöhen erst dann den Druck. Etwa 1 Minute massieren.*

2 *Anschließend bewegen Sie die Fingerspitzen in verschiedene Bereiche des Muskels – auch jetzt wieder mit kleinen, kreisförmigen Bewegungen. Der Kiefermuskel ist oft sehr verspannt und hat viele kleine Knoten, die Sie vielleicht spüren. Wenn Sie diese einfache Selbstmassage täglich anwenden, können Sie Spannungen im Kiefer abbauen.*

Akupressur

Die Ursprünge

Akupressur ist ein allgemeiner Begriff, der jede Art von Massage beschreibt, bei der Akupunktur-Punkte (Druckpunkte) auf dem Körper mit therapeutischer Absicht gedrückt werden. Der Ursprung der Akupressur liegt in Asien, sie ist seit Tausenden von Jahren ein wichtiger Teil der Chinesischen Medizin. Im 20. Jahrhundert hat sich die Akupressur über die ganze Welt verbreitet und sich in verschiedene Stile weiterentwickelt. Zu den bekanntesten gehören Jin Shin Jitsu, Shiatsu, Zen Shiatsu, Shen Tao, Jin Shen, Jin Shin Do, Tuina, Aku-Yoga und Do-In (siehe S. 86–93). Alle Richtungen der Akupressur arbeiten mit dem Druck von Fingern, Hand, Ellbogen oder Fuß auf bestimmte Akupunktur-Punkte. Einige kombinieren damit auch Massagetechniken, andere konzentrieren sich ganz auf den Punkt; bei einigen wird viel Druck, bei anderen nur sehr sanfter Druck angewendet. Die Akupressur-Selbsthilfe in diesem Buch ist einfach und direkt, so dass Sie gute Ergebnisse erzielen können.

Meridiane

In der Akupressur werden bestimmte Punkte stimuliert, die auf „Meridianen" oder „Kanälen" liegen. Diese unsichtbaren Linien tragen die Lebensenergie „Chi" durch den ganzen Körper. Die 12 wichtigsten Meridiane werden durch verschiedene Organe kontrolliert – zum Beispiel Leber, Nieren oder Herz. Wenn Sie sich die Meridiane wie Flüsse voller Energie vorstellen, dann sind die Akupunktur-Punkte kleine Becken oder Dämme in diesen Flüssen. Manchmal sind die Becken zu voll, manchmal sind sie zu leer. Durch die Anwendung von Druck kann das Fließen reguliert werden, so dass der Fluss wieder ruhig dahinströmen kann.

Theorie der Chinesischen Medizin

Die Chinesische Medizin ist ein sehr ausgeklügeltes altes System, das seit mehr als 5000 Jahren angewendet wird. Ärzte der Chinesischen Medizin verwenden verschiedene Diagnosemethoden, um den Verlauf der Behandlung festzulegen. So spielen zum Beispiel der Zustand der Zunge oder die Qualität von 12 verschiedenen Pulsen auf dem Handgelenk eine Rolle. Behandelt wird mit Akupunktur, Heilpflanzen, Moxatherapie (eine Heilpflanze wird an der Außenseite des Körpers verbrannt), Schröpfen (Saugnäpfe auf bestimmten Akupunktur-Punkten), Akupressur und Massage. Obwohl man Jahre braucht, um dieses komplexe Medizinsystem zu beherrschen, kann doch jeder ein paar einfache und sichere Akupressurtechniken anwenden, um sich bei kleineren Erkrankungen selbst zu helfen.

Wie macht man Akupressur?

Die Akupunktur-Punkte sind ungefähr so groß oder etwas größer als Ihre Daumenballen. Oft sind die Punkte etwas schmerzempfindlich, was Ihnen wiederum hilft, den Punkt aufzuspüren und ihn besser zu bearbeiten. Einige Punkte sind empfindlicher als andere und manchmal spürt man überhaupt nichts. Vertrauen Sie trotzdem darauf, die richtige Stelle gefunden zu haben. Wenn Sie den Punkt entdeckt haben, reichen stetiger, fester Druck oder kleinere kreisförmige Bewegungen (zwischen einer und drei Minuten) oft schon aus für die Stimulierung. Der gleiche Punkt sollte ebenfalls auch auf der anderen Körperseite stimuliert werden.

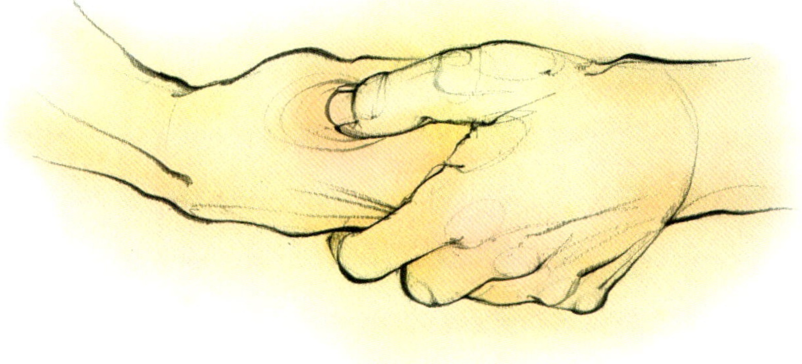

Stimulierung des Akupunktur-Punktes Dickdarm 4 oder „Hegu". Dies ist der bekannteste Punkt, der bei Beschwerden wie Kopf- oder Zahnschmerzen und bei Verstopfung gepresst wird.

Reflexzonentherapie

Der Ursprung

In der Reflexzonentherapie wird Druck ausgeübt auf Punkte an den Händen oder Füßen, die mit bestimmten Körperteilen in Verbindung stehen. Obwohl man allgemein annimmt, dass die Reflexzonentherapie aus China stammt, gibt es auch Hinweise, dass sie im alten Ägypten, in Babylon und in ursprünglichen nordamerikanischen Kulturen angewendet wurde. Eine Darstellung auf der Grabstätte eines ägyptischen Arztes (etwa 2350 v. Chr.) zeigt z. B. etwas, was aussieht wie eine Reflexzonenbehandlung an Händen und Füßen.

Die Längszonen

Die Reflexzonentherapie, die heute im Westen angewendet wird, hat ihren Ursprung in wissenschaftlichen Untersuchungen in Russland und Deutschland im 19. Jahrhundert. Der Amerikaner Dr. William Fitzgerald studierte die Reflextheorie in Wien. Er hielt einige dieser Forschungen fest, verknüpfte sie mit seinen eigenen Theorien und veröffentlichte 1917 die Publikation *Zone Therapy*.

Fitzgerald unterteilte den Körper in zehn gleiche, energetische Längszonen, die von den Füßen über die Beine und Arme bis zum Gehirn hochreichen. Diese Zonen wurden auf beiden Seiten von eins bis fünf von der Körpermitte nach außen durchnummeriert. Fitzgerald nahm an, dass jegliches Ungleichgewicht im freien Fluss der Lebensenergie Chi einen schädlichen Einfluss auf die Organe in dieser Zone habe.

Reflexzonen am Fuß

Fitzgerald stellte seine Zonentherapie seinem Kollegen Dr. Shelby Riley vor, aber es war Rileys Mitarbeiterin, Eunice Ingham, eine Physiotherapeutin, die sich ganz besonders für die Arbeit interessierte. Sie experimentierte so lange mit den verschiedenen Bereichen der Füße und den zehn Längszonen, bis sie eine Art Körperatlas erstellt hatte und wusste, wie sie über die Füße den ganzen Körper behandeln konnte.

Anwendung der Reflexzonentechniken

Da die Reflexzonen sehr klein sind, müssen sie sehr genau und präzise stimuliert werden. Das kreisförmige Reiben oder Vor- und Zurückreiben ist nicht so wirksam, wie direkt auf die Zone zu drücken oder auf einem Punkt zu kreisen und mit dem Daumengang zu arbeiten.

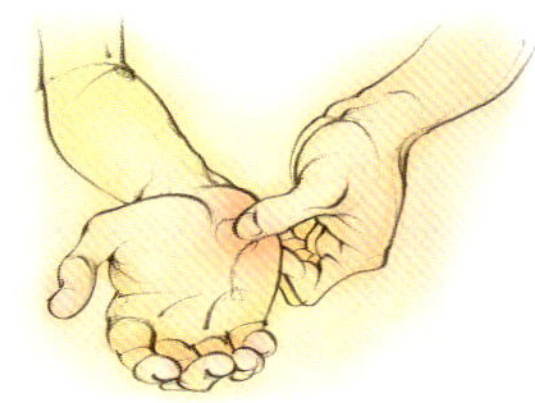

1 *Kneifen*

Kneifen

Man kneift mit dem Zeigefinger und dem Daumen, um den Punkt genau zu stimulieren. Der Daumen stimuliert meist die Reflexzone, während der Zeigefinger ihm auf der anderen Seite Halt gibt.

2 *Rotieren*

Rotieren

Bei dieser Technik liegt der Daumen auf der Reflexzone, während die anderen Finger auf der anderen Fuß- oder Handseite liegen. Der Daumen wird auf den Bereich gedrückt und gekreist.

3a *Daumengang*

Daumengang

Diese Technik erfordert etwas Übung. Es wird oft beschrieben, dass der Daumen hier wie eine Raupe über die Reflexzone kriecht. Man legt den Daumenballen an die andere Handfläche und beugt das Gelenk, bis die Daumenspitze die Hand berührt (siehe 3a). Dann wird der Daumen so gestreckt, dass er etwa 0,5 cm vorrutscht (siehe 3b). Der Daumen darf nie den Kontakt zur Haut verlieren. Wiederholen Sie dies mehrere Male, bis es Ihnen ganz leicht fällt.

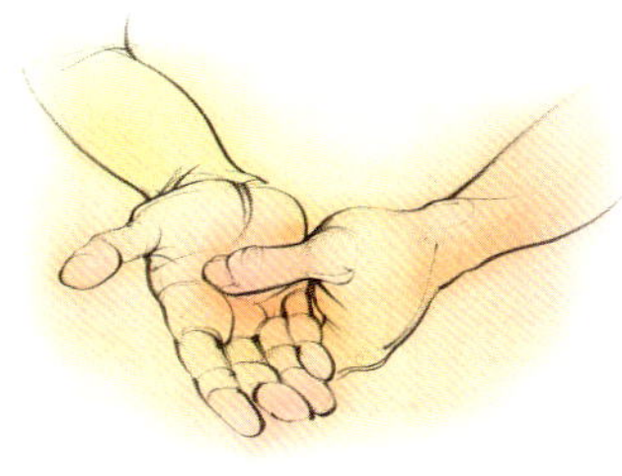

3b

Andere Massagetechniken

Zu den anderen Massagetechniken, die in diesem Buch vorgestellt werden, gehören die Triggerpunkttherapie, die Indische Kopfmassage, Manuelle Lymphdrainage und die Aromamassage – alles recht einfache Techniken. Wenn Sie die Anweisungen genau befolgen, werden Sie keine Schwierigkeiten haben.

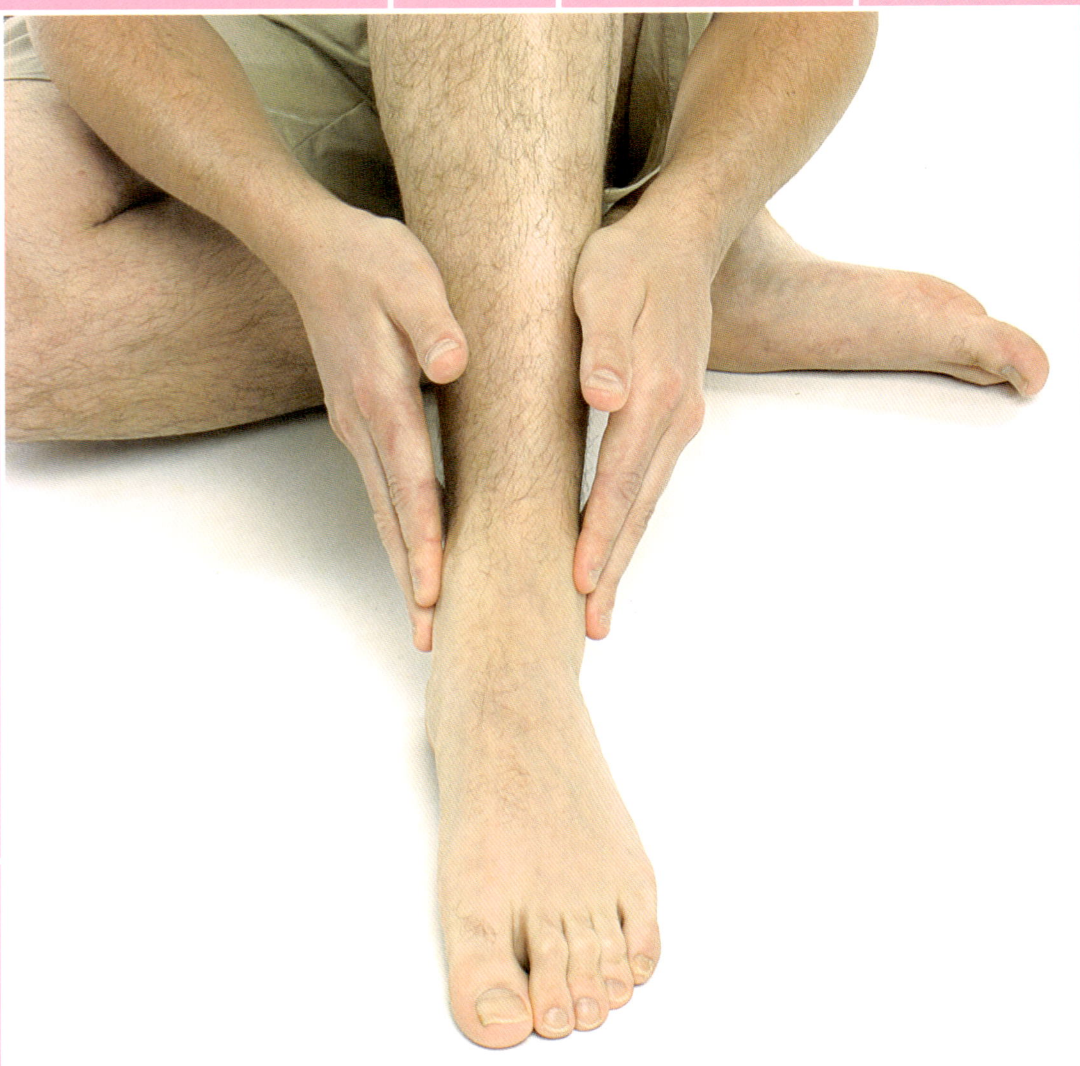

2
ERLEICHTERUNG BEI ALLTAGS-BESCHWERDEN

Beklemmungen

Viele Menschen fühlen sich in bestimmten Situationen, etwa beim Bewerbungsgespräch oder vor einer Rede, wie gelähmt. Die Selbstmassage hilft dann, diese Beklemmungen zu überwinden und macht es leichter, solchen Situationen ohne Angst zu begegnen. Während echte Angstneurosen auf jeden Fall von einem Arzt behandelt werden müssen, können die hier angegebenen Techniken alltägliche Angstgefühle erleichtern und bei schweren Störungen die professionelle Hilfe unterstützen.

Hilfe durch Selbstmassage

Ziel
Die Atemmuskulatur entspannen und Beklemmungen überwinden

Häufigkeit
2-mal täglich

Gegenanzeige
Chronische Lungen- oder Herzbeschwerden

Querverweis
Atembeschwerden S. 30

Beklemmungen verursachen geistige und emotionale Spannungen und führen zu Atembeschwerden und erhöhtem Herzschlag. Die Brustmassage löst Muskelverspannungen, so dass die Atmung leichter fällt und die Beklemmung nachlässt.

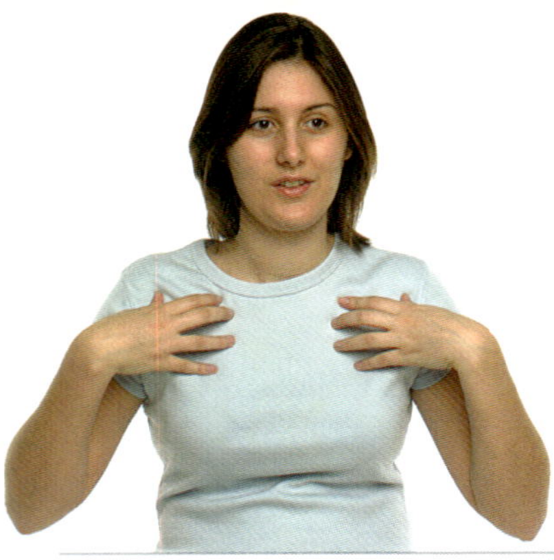

1 *Massieren Sie mit den Fingerspitzen der leicht geöffneten Hand die Muskeln zwischen den Rippen. Beginnen Sie an der Außenseite der Brust direkt unter den Schlüsselbeinen und massieren Sie in Richtung Herz.*

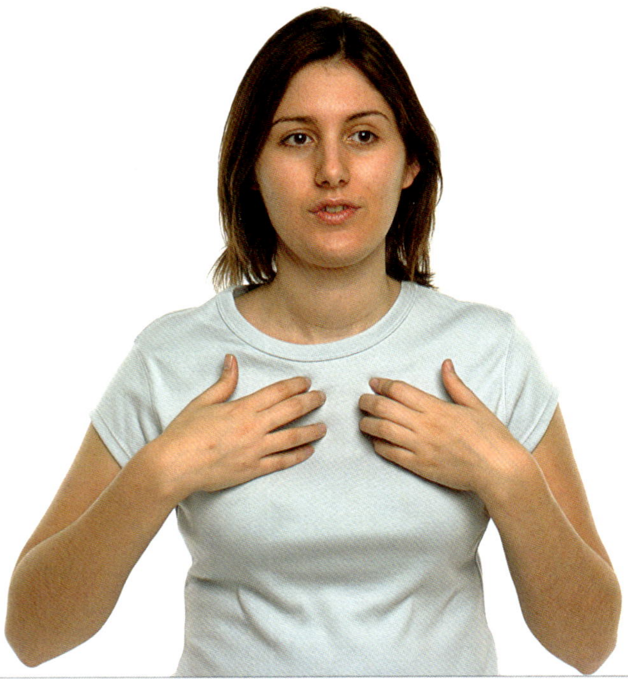

2 *Massieren Sie jetzt mit den Fingerspitzen die Rippen vor den Achselhöhlen in Richtung Brustbein, zuerst im Bereich der Außenseite der Brustwarze, dann von der Innenseite ausgehend bis zum Brustbein.*

Folgende Tipps helfen, um beklemmende Situationen besser meistern zu können:

- Machen Sie regelmäßiges Kreislauftraining und schlafen Sie viel.
- Verringern Sie Ihren Kaffeekonsum oder verzichten Sie vollständig darauf.
- Anstatt nach Zigaretten zu greifen, um die Angst zu unterdrücken, sollten Sie lieber mehrmals die Woche an einer sanften Yogastunde teilnehmen.
- Einige Tropfen Lavendelöl in einem warmen Vollbad oder im Massageöl für eine Fußmassage (siehe S. 80–81) können hilfreich sein.
- Gönnen Sie sich am Tag vor einem Angst auslösenden Ereignis wie einem Vortrag oder einem Geschäftstreffen einen Termin für eine professionelle Massage.

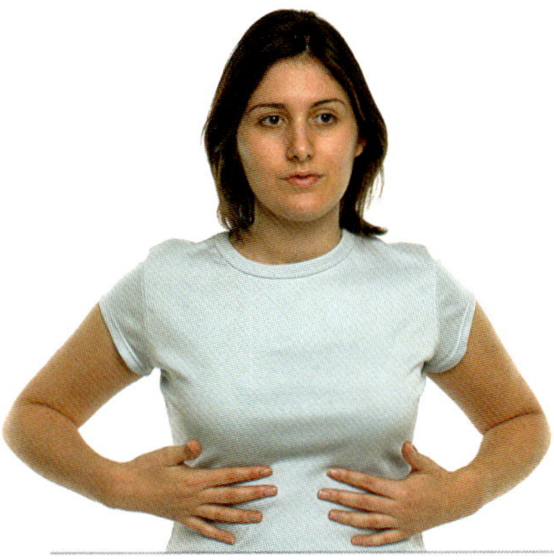

3 *Jetzt mit den Fingerspitzen die unteren Rippen direkt unter der Brust von außen zum Brustbein hin massieren.*

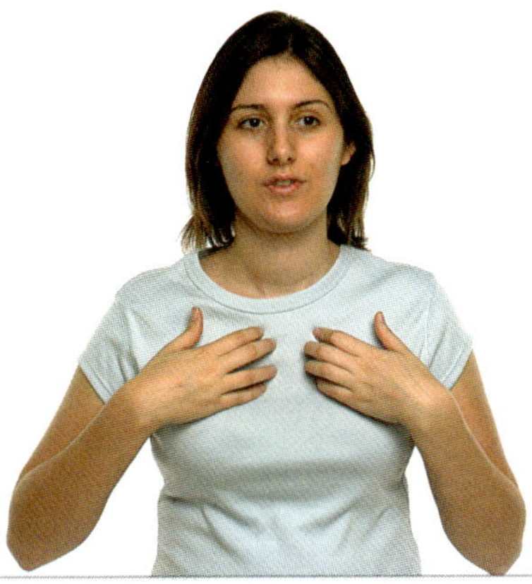

4 *Dann tief einatmen und während der Einatmung mit den Fingerspitzen über den ganzen Brustkorb klopfen.*

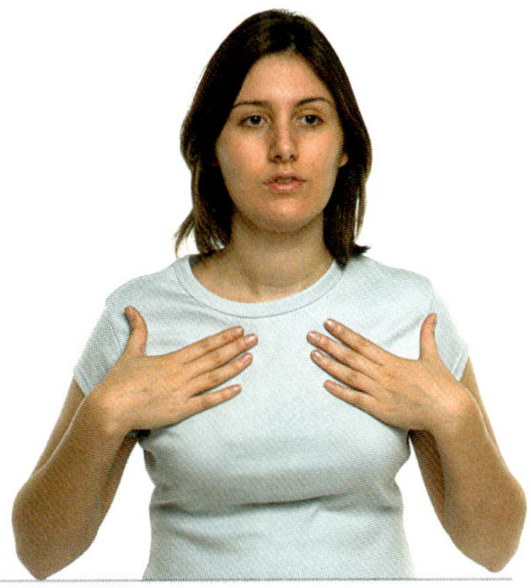

5 *Bei der Ausatmung mit der ganzen Handfläche auf Brust und untere Rippen klopfen. Schritt 4 und 5 jeweils 3–4 Atemzüge lang wiederholen.*

Selbsthilfe durch Akupressur

Ziel
Beruhigung von Körper und Geist

Häufigkeit
Mehrmals täglich, wenn nötig

Gegenanzeigen
Nicht bekannt

Querverweis
Menstruationsbeschwerden S. 60

Ebenfalls hilfreich
P 8 – gegen Müdigkeit, Verhärtung der Arterien, Bluthochdruck
P 6 – gegen Übelkeit, Morgenübelkeit und Reisekrankheit, Übergeben, Schlaflosigkeit, Herzrasen, Epilepsie

Auf den Händen gibt es einige Akupunktur-Punkte, die beruhigend auf den Geist einwirken. In alten Filmen sieht man oft, wie die Heldin „die Hände wringt", wenn etwas schief geht. Diese Handmassage ist tatsächlich ein instinktiver Drang, den Stress abzubauen. Handmassagen sind sehr beruhigend und helfen, Beklemmungen zu überwinden.

Der Herzbeutel-Meridian „Perikard", der direkt in der Mitte der Arminnenseite verläuft, ist sehr wichtig bei der Behandlung von Ängstlichkeit und Stress. Der Herzbeutel selbst bedeckt und schützt das Herz. In der Chinesischen Medizin, die bildlicher und poetischer ist als unsere westliche Medizin, bedeutet dies nicht nur physischen, sondern auch emotionalen Schutz.

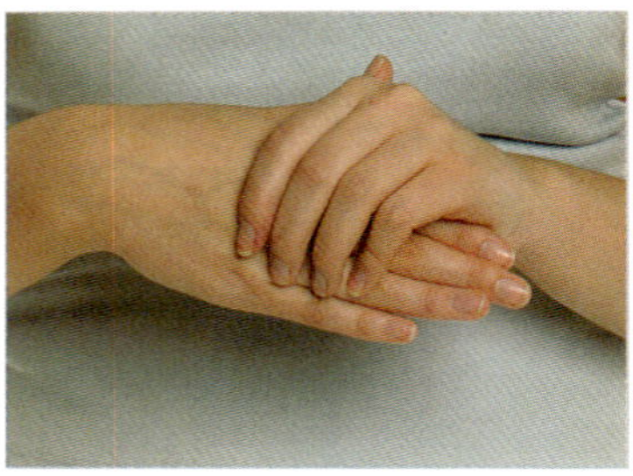

1 *Massieren Sie langsam und sorgfältig Hände, Handgelenke und Finger. Stellen, die schmerzen, sollten Sie besonders berücksichtigen.*

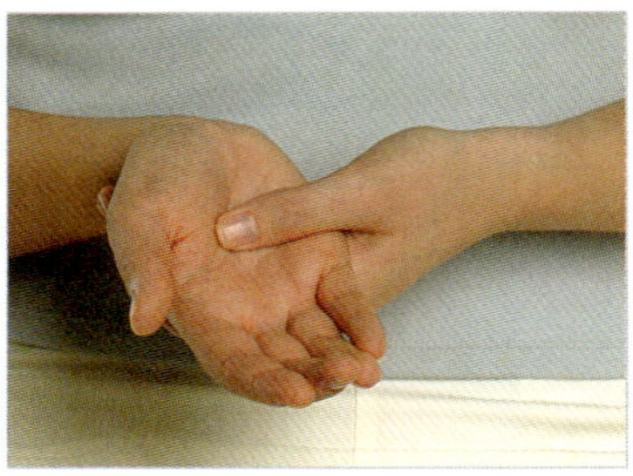

2 *Massage von Perikard 8: Legen Sie den Daumen in die Mitte der Handfläche und massieren Sie in kreisförmigen Bewegungen etwa 1 Minute. An der anderen Hand wiederholen.*

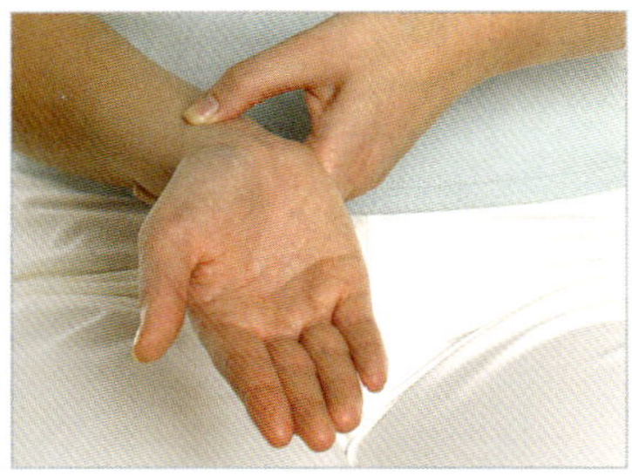

3 *Massage von Perikard 6: Legen Sie den Daumen zwischen die Sehnen auf der Innenseite des Handgelenks. Dann rutschen Sie etwa zweieinhalb Fingerbreit nach oben. Massieren Sie dort etwa 1 Minute. Am anderen Handgelenk wiederholen.*

Selbsthilfe durch Chakrenausgleich

Ziel
Beruhigung von Geist und Körper

Häufigkeit
Mehrmals täglich, wenn nötig

Gegenanzeigen
Nicht bekannt

Auch hilfreich zum
Zentrieren, Erden, Konzentrieren

Die östliche Medizin geht davon aus, dass es auf der Wirbelsäule an sieben Stellen Energiezentren (Chakren) gibt, die auf die Vorder- und Rückseite des Körpers wirken. Ein Ungleichgewicht in den Chakren führt zu geistiger und emotionaler Unausgeglichenheit. Bei dieser Massage sollten Sie versuchen, die heilende Energie Ihrer Hände zu visualisieren, um die Chakren auszugleichen. Sowohl das vierte als auch das sechste Chakra enthalten Akupunktur-Punkte, die Sie bei Beklemmungen stimulieren können. Nach Abschluss der folgenden Übung massieren Sie dort mit den Fingern in kleinen, kreisförmigen Bewegungen.

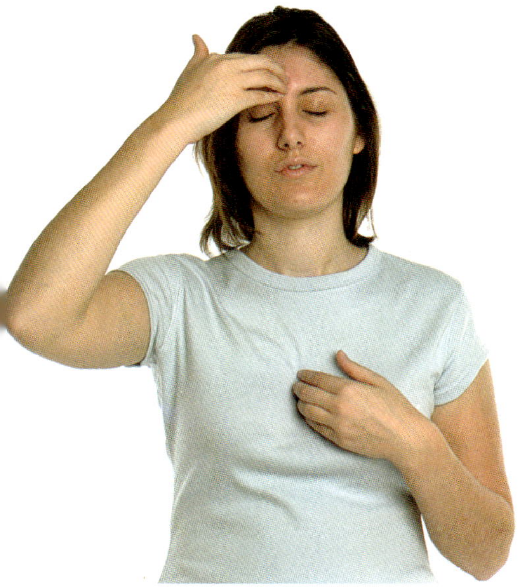

1 *Die Augen schließen und die Fingerspitzen der einen Hand auf das Zentrum des 6. Chakras (zwischen den Augenbrauen) legen, die Fingerspitzen der anderen Hand auf das Zentrum des 4. Chakras (in der Brustmitte). Atmen Sie tief und spüren Sie eine Verbindung zwischen den Händen.*

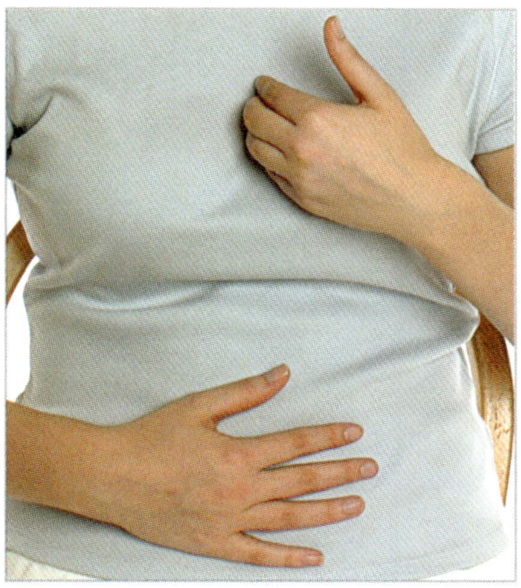

2 *Nach mehreren tiefen Atemzügen nehmen Sie die Hand vom 6. Chakra weg und legen sie auf den Bauchnabel. Spüren Sie, wie Ihr Atem sich nach unten bewegt. Stellen Sie sich vor, wie Ihre Angst wegschmilzt und in die Erde fließt.*

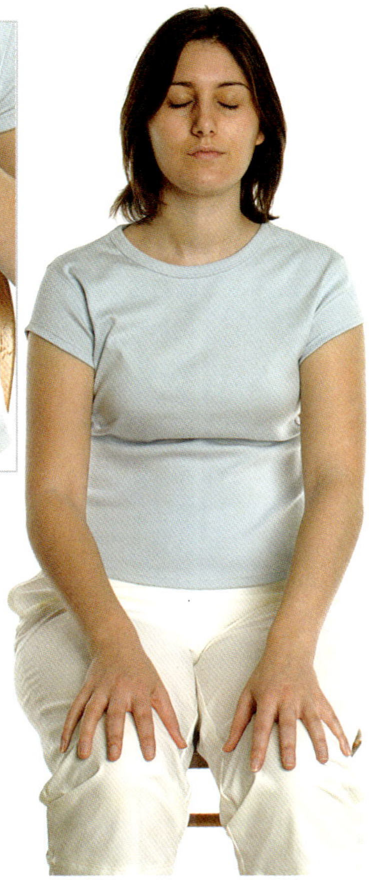

3 *Legen Sie die Hände in den Schoß und atmen Sie einige Male tief durch, bevor Sie die Augen öffnen.*

Arthritis

Die Selbstmassage kann Menschen, die unter Arthritis leiden, große Erleichterung bringen. Da es sehr viele verschiedene Arten von Arthritis gibt, helfen manche Techniken besser als andere, probieren Sie deshalb unterschiedliche Techniken aus. Entzündete Gelenke dürfen nicht direkt massiert werden, die Beschwerden könnten sich sonst verschlimmern. Bei akuten Symptomen ist es besser, die Akupunktur-Punkte zu stimulieren, die etwas entfernter liegen. Massieren sollten Sie dann nur um das Gelenk herum, nicht direkt darauf.

Selbstmassage bei Schmerzen in der Hand

Ziel
Linderung bei wunden und schmerzenden Handgelenken

Häufigkeit
5-Minuten-Massage, 1–2-mal täglich

Gegenanzeigen
Entzündete Gelenke

Querverweis
Beweglichkeit der Gelenke S. 52

Auch hilfreich bei
Überarbeiteten Händen

Wenn Ihre Symptome nicht gerade akut auftreten, kann die tägliche Selbstmassage des ganzen Arthritis-Bereiches hilfreich sein. Es ist nämlich wichtig, die Beweglichkeit der Gelenke zu fördern. Dafür stützen Sie das Gelenk mit einer oder mit beiden Händen (wenn wir die Finger massieren, können Sie nur eine Hand nehmen, aber am Knöchel oder Zeh sollten Sie mit beiden stützen). Bewegen Sie das Gelenk sanft in alle Richtungen. Wenn es schmerzt, haben Sie das Gelenk zu sehr gedehnt.

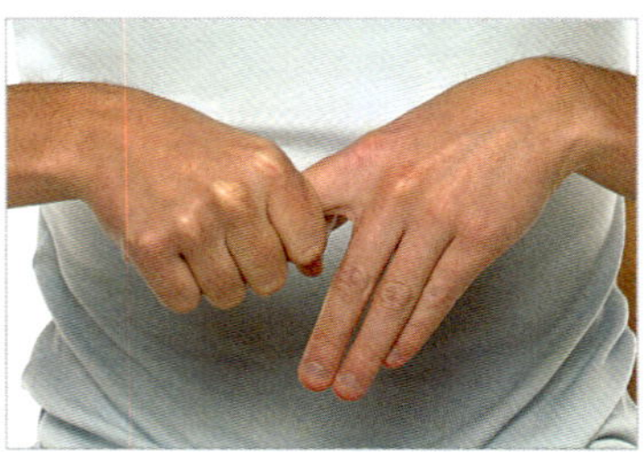

1 *Massieren Sie das arthritische Gelenk, drehen Sie jeden einzelnen Finger; beugen und strecken Sie ihn.*

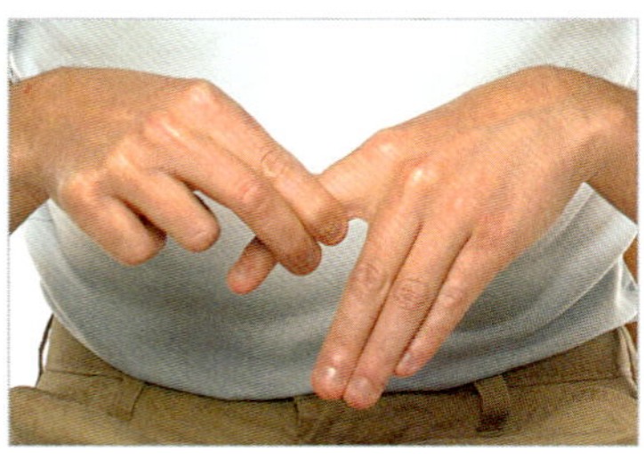

2 *Massieren Sie die Knöchel um das Gelenk herum. Mit den Fingern hoch- und runterrutschen und dabei jeden Knochen mehrmals pressen. Dadurch werden die Nerven massiert, die zum schmerzenden Gelenk führen.*

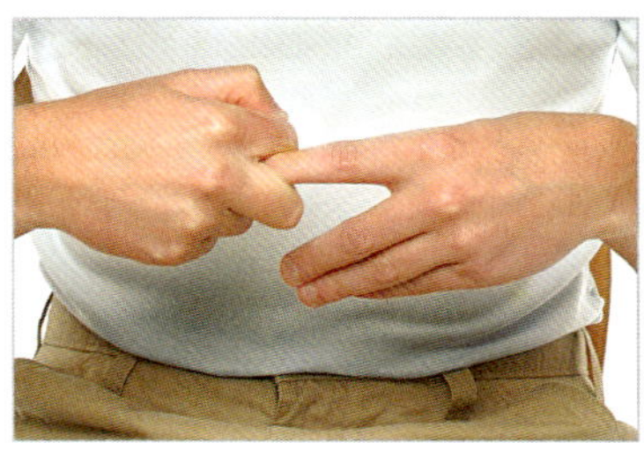

3 *Drücken Sie jede einzelne Fingerspitze und ziehen Sie dann ganz schnell die Hand über die Fingerspitze weg, um den Blutfluss zu stimulieren.*

Selbsthilfe durch Akupressur bei Schmerzen in der Hand

ZIEL
Schmerzende Handgelenke beruhigen

HÄUFIGKEIT
Mehrmals täglich

GEGENANZEIGEN
Schwangerschaft

QUERVERWEIS
Kopfschmerzen S. 46, Beweglichkeit der Gelenke S. 52, Zahnschmerzen S. 82

AUCH HILFREICH BEI
Verstopfung, Kopf-, Zahn- und Gesichtsschmerzen, Erkältungen

Dieser Akupunktur-Punkt hilft bei sehr vielen Arten von Schmerz. Am besten bearbeiten Sie ihn zusätzlich zur Handmassage auf der vorherigen Seite.

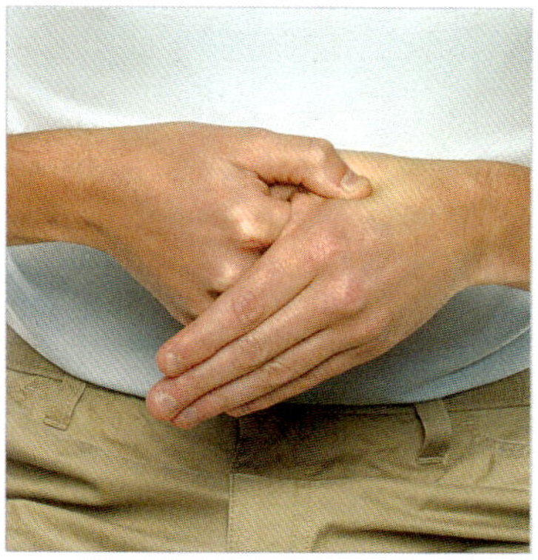

1 *Pressen Sie Dickdarm 4: Um diesen Punkt zu finden, rutschen Sie mit dem Daumen bis zu dem Punkt, an dem sich die Knochen von Daumen und Zeigefinger treffen, dann pressen Sie den Daumen in den Zeigefingerknochen. Sie spüren ein Kribbeln oder Ziehen. 1–2 Minuten mit kleinen Kreisbewegungen massieren.*

Selbsthilfe durch Akupressur bei Schmerzen im Knie

ZIEL
Knieschmerzen lindern, besonders arthritische Schmerzen

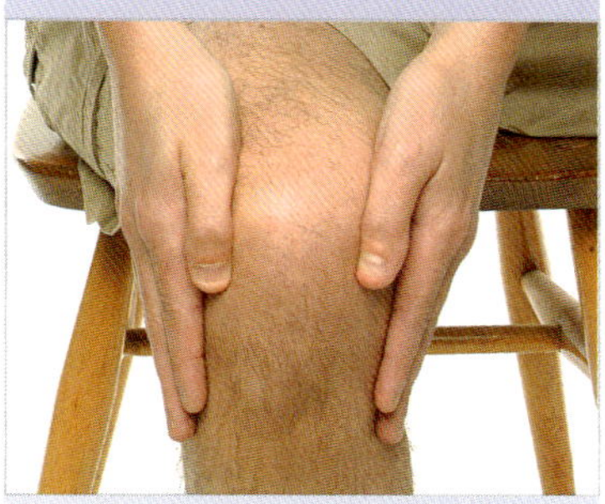

HÄUFIGKEIT
2–3-mal täglich

GEGENANZEIGEN
Nicht bekannt

QUERVERWEIS
Schmerzen im Knie S. 54

AUCH HILFREICH BEI
Verstopfung, Magenbeschwerden, Müdigkeit

Diese Massage ist vor allem wirksam, wenn sie mindestens einmal täglich gemacht wird.

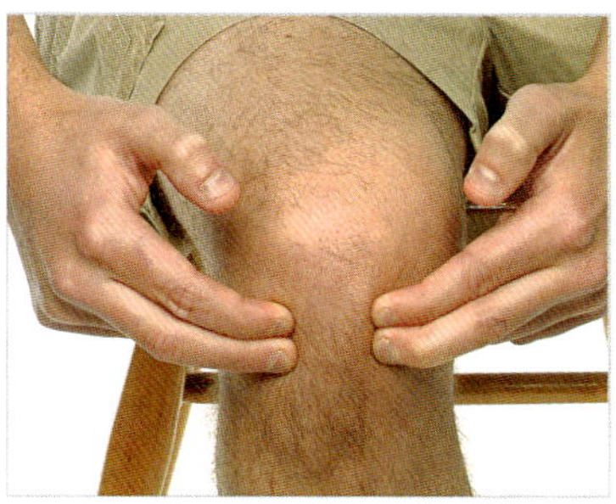

1 *Reiben Sie das Knie zwischen beiden Handflächen. Massieren Sie für 2–3 Minuten die Muskeln um das Knie herum.*

2 *Massieren Sie 1–2 Minuten mit Mittel- und Zeigefinger den Akupunktur-Punkt „Xiyan", der auf beiden Seiten der Sehne unter der Kniescheibe liegt.*

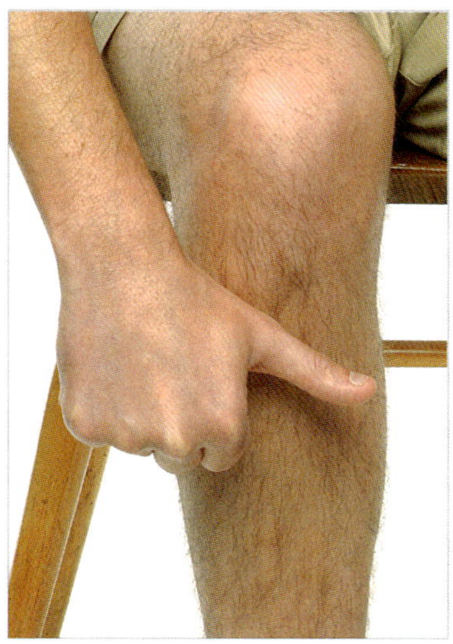

3 *Dann reiben Sie 1–2 Minuten mit den Fingerknöcheln Punkt Magen 36, der sich etwa 4 Fingerbreit unter der Außenseite der Kniescheibe befindet.*

Atembeschwerden

Durch diese Selbstmassage beruhigt sich der Körper, was Ihnen die Atmung erleichtert. Die hier gezeigte Massage stärkt und kräftigt das Lungen- und Nieren-Chi, so dass die Atmung leichter fällt. Eine Selbstmassage kann Atembeschwerden jedoch nicht heilen, sondern nur die medizinische Behandlung ergänzen und Ihnen eine aktive Rolle im Heilungsprozess zuweisen.

Hilfe durch Selbstmassage

Ziel
Verbesserung der Atmung

Häufigkeit
2–3-mal täglich

Gegenanzeigen
Bei schwerwiegenden Atembeschwerden wie der Chronisch-obstruktiven Bronchitis (COPO) konsultieren Sie vorher Ihren Arzt

Querverweis
Beklemmungen S. 24

Schlechte Haltung und flaches Atmen kann die Brustmuskulatur einengen und die Atemkapazität einschränken. Diese Selbstmassage hilft, Verspannungen in der Brust zu lösen und die Atemmuskulatur zu lockern.

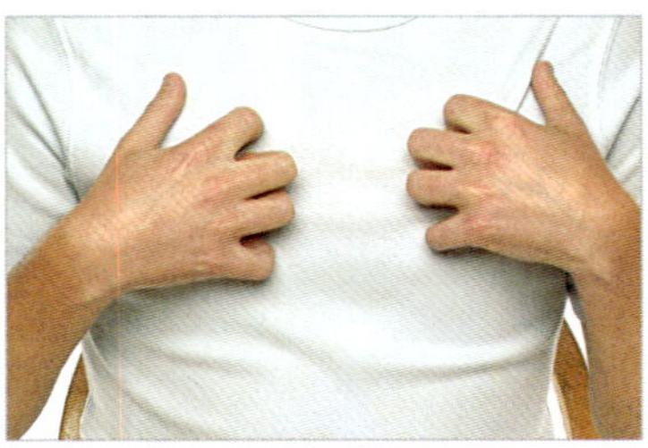

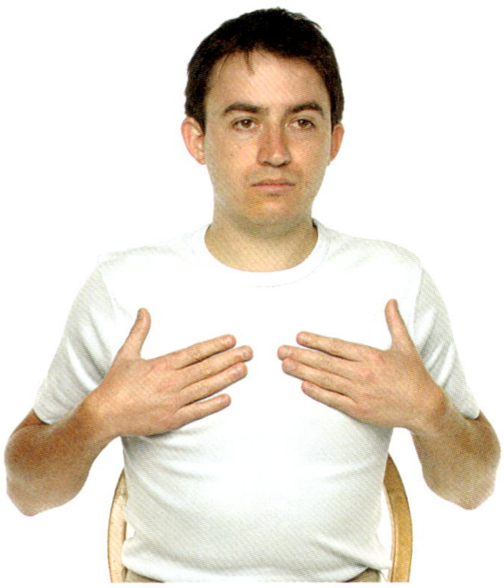

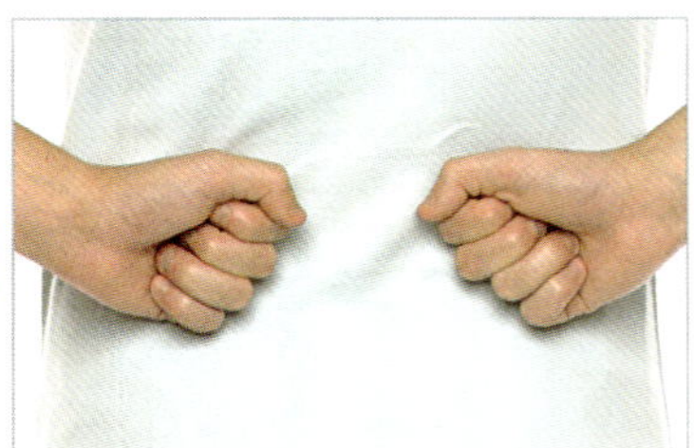

1 *Atmen Sie tief ein und klopfen Sie dabei schnell mit den Fingerspitzen über den oberen Brustkorb.*

2 *Durch den Mund ausatmen und wiederholt mit der ganzen Handfläche auf den oberen Brustkorb schlagen. 1. und 2. Schritt 3-mal wiederholen und dann noch den Vorgang 3-mal auf dem unteren Brustkorb wiederholen.*

3 *Mit den Händen Fäuste ballen und mit den Fingerknöcheln die Nierengegend direkt unter den Rippen auf dem Rücken etwa 1 Minute lang massieren.*

Selbsthilfe durch Akupressur

ZIEL
Linderung bei Erkältungen, Husten, Asthma, Bronchitis und Fieber

HÄUFIGKEIT
2–3-mal täglich

GEGENANZEIGEN
Nicht bekannt

QUERVERWEIS
Verspannungen im Nacken S. 66

AUCH HILFREICH BEI
Schmerzen in Schultern und Rücken durch Atembeschwerden

Wenn Sie unter Erkältung oder Husten leiden, sollten Sie diese Massage mehrmals täglich durchführen. Die Akupunktur-Punkte finden Sie leicht, sie sind etwa so groß wie eine mittelgroße Münze. Auch wenn Sie den Punkt nicht genau treffen, bringt die Massage Entspannung und Erleichterung. Die Massage hilft auch bei chronischen Atembeschwerden.

Wenn Sie Zeit haben, sollten Sie diese Behandlung mit der Selbstmassage auf der vorhergehenden Seite kombinieren, um noch bessere Ergebnisse zu erzielen.

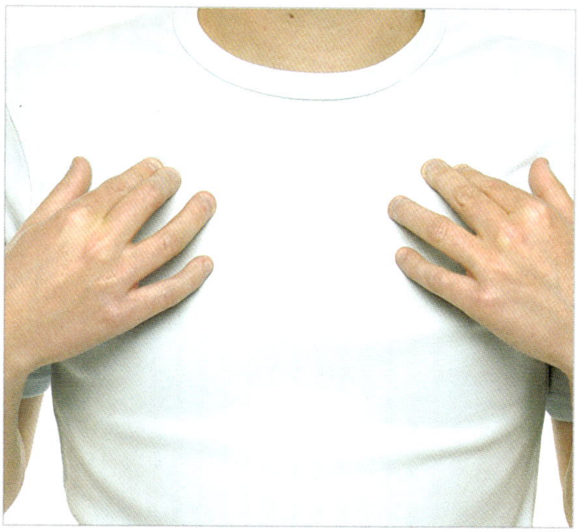

1 *Da, wo das Schlüsselbein auf die Schultern trifft, befindet sich auf beiden Körperseiten ein weicher Bereich, der manchmal empfindlich auf Druck reagiert. Das ist die Gegend der Akupunktur-Punkte Lunge 1 und 2, die die Lungen freimachen und die Atmung erleichtern. Legen Sie zwei oder mehr Finger in diesen weichen Bereich und massieren Sie ihn mindestens 1–2 Minuten mit sanften Kreisbewegungen.*

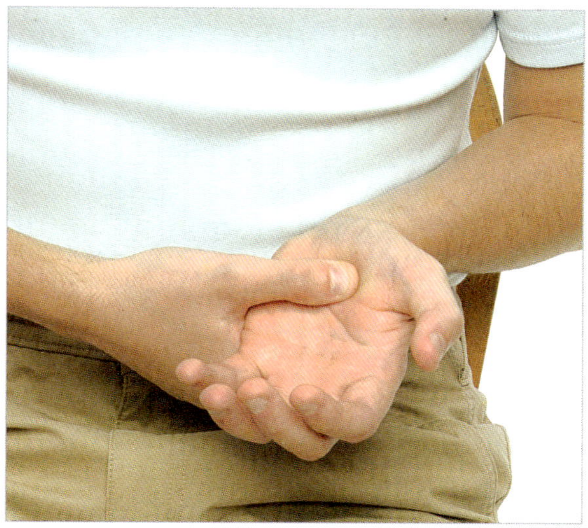

2 *Dann suchen Sie nach dem Akupunktur-Punkt Lunge 10, der sich mitten auf dem Daumenansatz befindet. Auch dieser Akupunktur-Punkt eignet sich vorzüglich, die Atmung zu erleichtern. Er ist leicht zu finden, denn er ist oft sehr empfindlich. Massieren Sie diesen Punkt mindestens 1 Minute an beiden Händen.*

Durchblutungsprobleme

Wenn Ihre Durchblutung sich in letzter Zeit verschlechtert hat, sollten Sie unbedingt einen Arzt konsultieren. Einige der Ursachen für eine schlechte Durchblutung sind Diabetes, Arteriosklerose (Arterienverkalkung), Raynaud-Krankheit, Rauchen, Bluthochdruck, zu hohes Cholesterin, Fettsucht, Krampfadern und Phlebitis (Venenentzündung). Aber eine schlechte Durchblutung kann auch einfach durch Kälte oder zu wenig Sport verursacht oder sogar erblich bedingt sein. Diese Massage wird Ihre Durchblutung in jedem Fall verbessern. Wichtig aber: Wenn Sie unter schwerwiegenden Durchblutungsproblemen leiden, sollte Ihr Arzt unbedingt vorher seine Zustimmung geben.

Hilfe durch Selbstmassage

Ziel
Die Durchblutung anregen, vor allem in Händen und Füßen

Häufigkeit
1–2-mal täglich

Gegenanzeigen
Geschwüre an den Füßen oder andere offene Wunden

Querverweis
Beweglichkeit der Gelenke S. 52, Müde Füße S. 80

Auch hilfreich zur
Beruhigung des Geistes, Erdung

Eine Massage ist eine ideale Möglichkeit, die Durchblutung anzuregen. Die bessere Durchblutung ist in der Tat die herausragende gesundheitliche Wirkung der Massage. Detailliertere Anweisungen zu diesen Massagen finden Sie unter den Querverweisen.

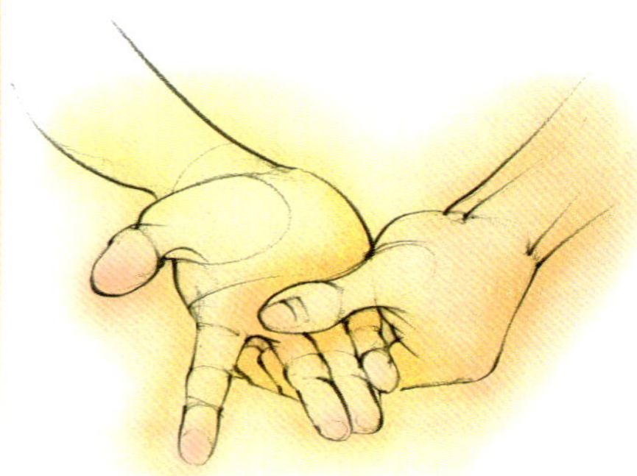

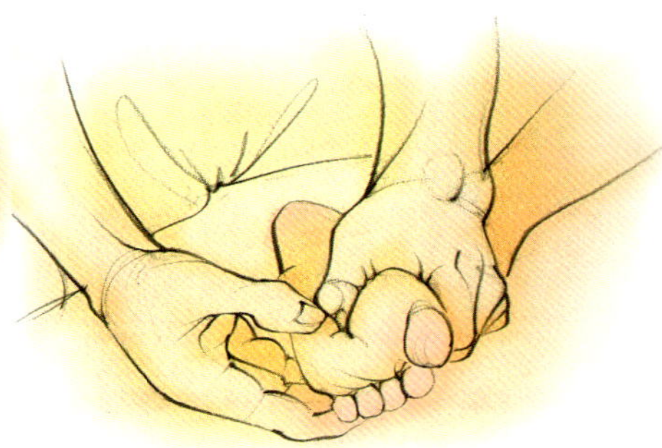

1 *Mit schnellen, kräftigen Bewegungen massieren Sie die ganze Hand, die Finger und das Handgelenk. Vor allem die schmerzenden Bereiche sollten Sie besonders beachten und länger behandeln. Wenn Sie mögen, verwenden Sie Massageöl oder -creme.*

2 *Auch für die Fußmassage können Sie Öl verwenden. Mit schnellen, kräftigen Bewegungen massieren Sie den ganzen Fuß, die Zehen und die Knöchel. Auch hier sollten Sie schmerzende Stellen besonders beachten.*

Selbsthilfe durch Reflexzonentherapie

Ziel
Die Durchblutung anregen, vor allem in Händen und Füßen

Häufigkeit
2-mal täglich

Gegenanzeigen
Offene Wunden, Fußgeschwüre in der Reflexzone

Querverweis
Energieverstärker S. 40

Auch hilfreich bei
Müdigkeit

Die Massage der Nebennierenreflexzone auf den Füßen kann die Durchblutung verbessern. Diese Reflexzone liegt etwas versteckt, ist aber doch relativ leicht auffindbar, weil sie bei den meisten Menschen sehr empfindlich und verspannt ist (denn die meisten von uns überfordern die Nebennieren!).

Legen Sie einen Fuß auf den anderen Oberschenkel, dann ziehen Sie von der Innenseite des großen Zehs eine direkte Linie bis zu Ihrem Knöchel. Die Nebennierenreflexzone liegt kurz vor der Hälfte der Strecke (siehe rechts), etwas näher zum Zeh hin. Massieren Sie diesen Bereich etwa 2 Minuten mit dem Daumengang (siehe S. 21), dann nehmen Sie den anderen Fuß.

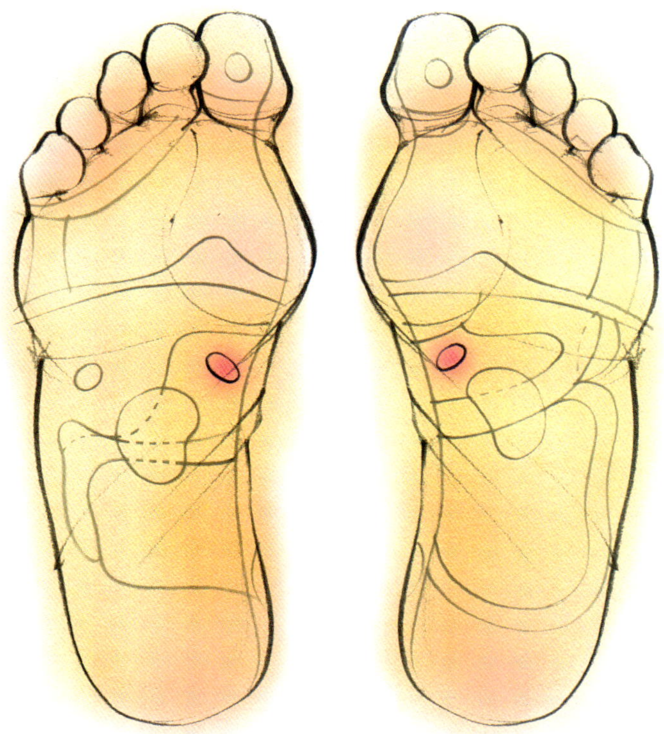

Computerprobleme

Wenn Sie viel Zeit vor dem Computer verbringen, wissen Sie sicher, dass der Körper stark beansprucht wird, obwohl Sie ganz still sitzen. Ein ergonomischer Arbeitsplatz kann die Belastung allerdings schon etwas verringern. Die Füße sollten flach auf dem Boden stehen, der untere Rücken unterstützt sein, der Bildschirm in Augenhöhe und die Handgelenke und Unterarme sollten gerade aufliegen. Schauen Sie oft vom Bildschirm weg und machen Sie einmal stündlich eine Pause. Trotzdem können Sie unter müden Augen, schmerzenden Handgelenken leiden oder Schmerzen in Schultern, Nacken und Rücken haben. Hier kann die Selbstmassage helfen.

Hilfe durch Selbstmassage

Ziel
Verspannungen durch die Computerarbeit verringern

Häufigkeit
5-minütige Behandlung, 3–4-mal täglich

Querverweis
Durchblutungsprobleme S. 32, Überanstrengte Augen S. 42, Beweglichkeit der Gelenke S. 52, Schmerzen im Rücken S. 56, Verspannungen im Nacken S. 66

Auch hilfreich bei
Anderen Formen von Dauerbelastungen

Dies ist eine schnelle Eigenbehandlung, die Sie während einer kurzen Arbeitspause durchführen können, damit sich Ihr Körper erholt. Wenn Sie schon unter Beschwerden leiden (zum Beispiel Schmerzen im unteren Rücken), finden Sie unter den Querverweisen intensivere Massagetechniken für den betroffenen Körperteil.

Zuerst reiben Sie Ihre Hände gegeneinander, um sie zu wärmen. Dann legen Sie die warmen Handflächen auf die Augen und nehmen 2 tiefe Atemzüge. Wiederholen Sie das 2- bis 3-mal.

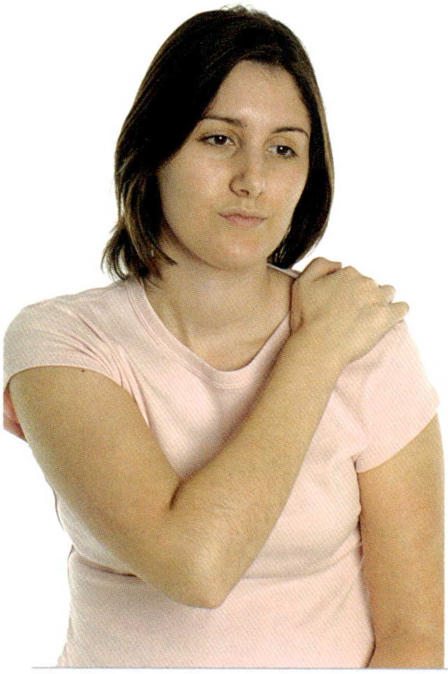

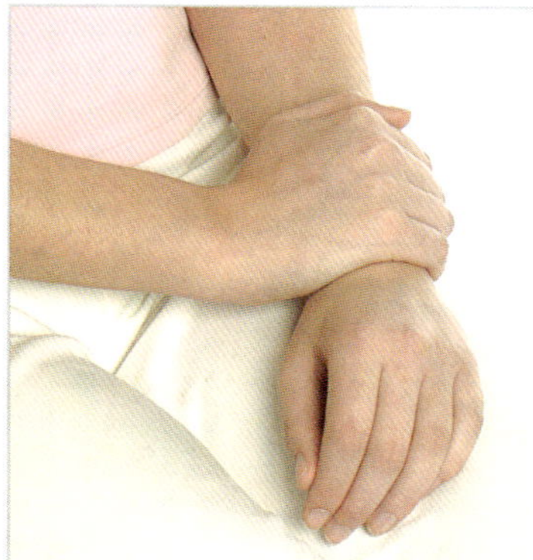

2 Mit der rechten Hand kneten Sie Ihre linke Schulter.

3 Dann kneten Sie den Oberarm, gehen weiter bis zu Ihrem Handgelenk und der Hand.

Wiederholen Sie das 2- bis 3-mal. Das Handgelenk sollten Sie besonders lange drücken.

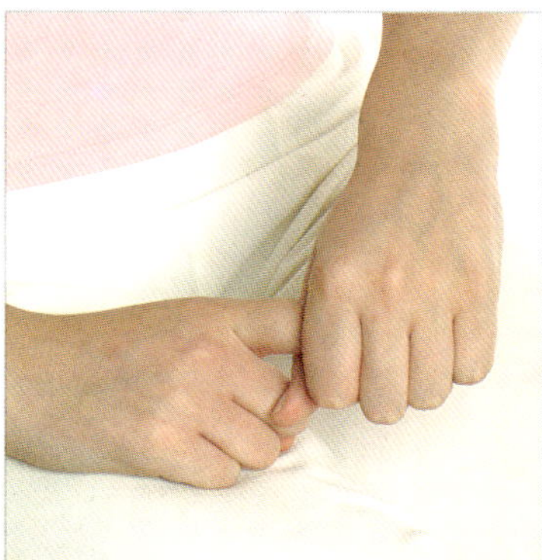

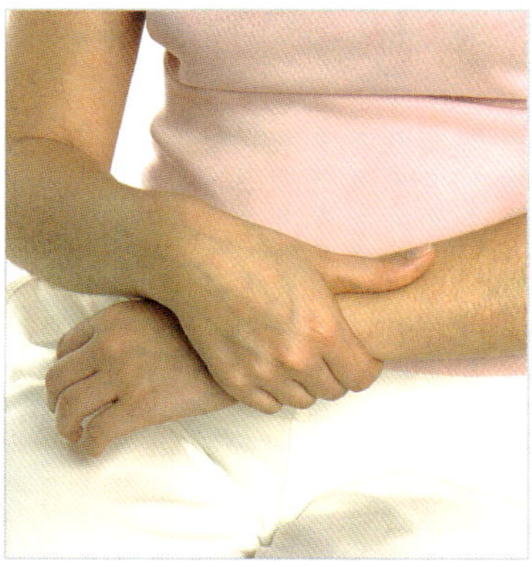

Wiederholen Sie diese Sequenz auf der Innenseite des Unterarms. Dann wiederholen Sie alles auf der rechten Seite. Danach ballen Sie die Hände zu Fäusten, lehnen sich nach vorn und reiben mindestens 1 Minute lang Ihren unteren Rücken fest mit den Handknöcheln von oben nach unten und von Seite zu Seite.

4 Jetzt pressen und drehen Sie jeden einzelnen Finger.

5 Dann legen Sie den rechten Daumen auf die Mulde auf Ihrem Handgelenk und streichen mit festem Druck mit dem Daumen etwa ein Drittel der Strecke bis zum Ellbogen hoch. Mehrmals wiederholen.

Verstopfung

Wenn Sie unter chronischer Verstopfung leiden, sollten Sie eine dieser Sequenzen ein bis zwei Wochen lang täglich ausprobieren. Sie werden damit gute Erfolge erzielen. Suchen Sie sich die Sequenz aus, die bei Ihnen am besten funktioniert und die sich problemlos in Ihren Alltag einfügen lässt. Zudem sollten Sie aber auch Ihre Ernährung umstellen, mehr Ballaststoffe zu sich nehmen und den Verzehr von Fertigprodukten einschränken. Die folgende Selbstmassage hilft sowohl bei chronischer als auch bei akuter Verstopfung.

Hilfe durch Selbstmassage

Ziel
Die Peristaltik des Dickdarms anregen

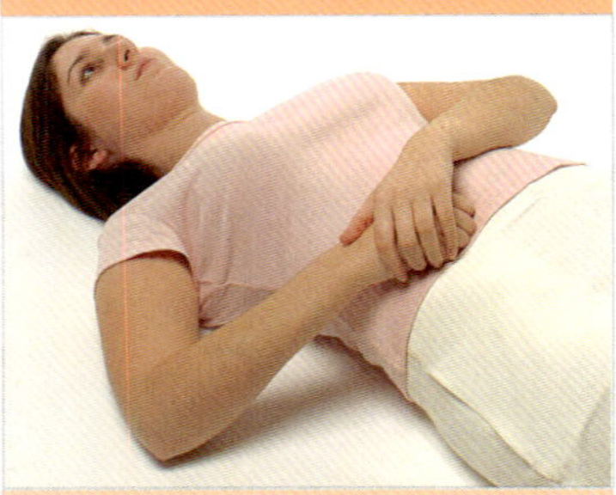

Häufigkeit
Täglich bei chronischer, mehrmals täglich bei akuter Verstopfung

Gegenanzeigen
Schwere innere Verletzungen, Operationen oder Tumoren

Querverweis
Verdauungsstörungen S. 50

Auch hilfreich zur
Beruhigung eines empfindlichen Magens

Diese einfache und schnelle Selbstmassage hilft nicht nur bei akuter Verstopfung, sondern stärkt und beruhigt das gesamte Verdauungssystem.

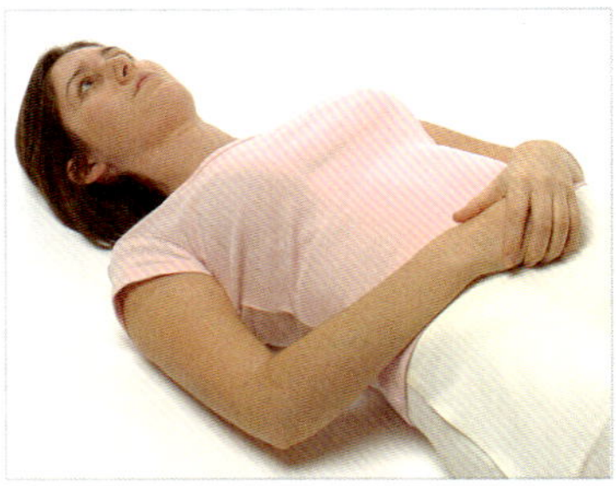

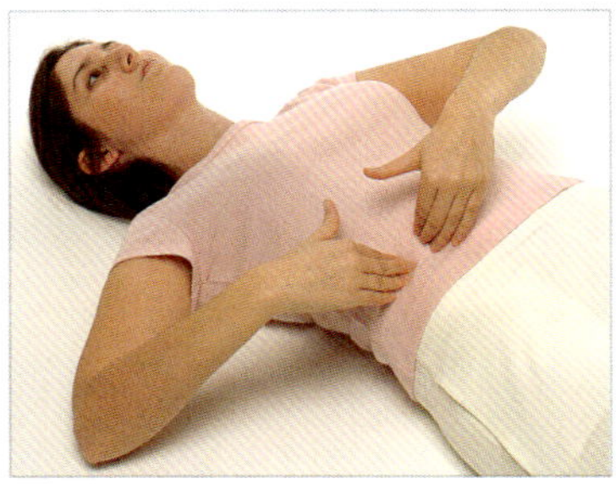

1 *Setzen Sie sich auf einen Stuhl oder legen Sie sich auf den Boden. Legen Sie die rechte Faust auf die rechte Seite Ihres Bauches. Dann halten Sie die rechte Hand mit der linken fest (links).*

2 *Einatmen, mit der Ausatmung pressen Sie Ihre Hände in den Bauch und beschreiben einen großen Kreis im Uhrzeigersinn. Versuchen Sie den Kreis in einer langsamen Ausatmung zu vollenden. 10-mal wiederholen.*

3 *Stellen Sie sich eine große Uhr auf Ihrem Bauch vor. Mit allen Fingerspitzen zusammen massieren Sie jetzt etwa 15 Sekunden lang jede einzelne Stundenzahl in kleinen kreisförmigen Bewegungen im Uhrzeigersinn. Beginnen Sie rechts (etwa 9 Uhr, 12 Uhr befindet sich direkt unter Ihrem Brustbein) und vervollständigen Sie den Kreis. Machen Sie 2 komplette Runden.*

Schnellhilfe durch Akupressur

ZIEL
Die Verstopfung lösen

HÄUFIGKEIT
Mehrmals täglich

GEGENANZEIGEN
Schwangerschaft

QUERVERWEIS
Arthritis S. 28,
Zahnschmerzen S. 82

AUCH HILFREICH BEI
Durchfall, Hautausschlag, Zahn- und Gesichtsschmerzen

Dickdarm 4 ist einer der wichtigsten und bekanntesten Akupunktur-Punkte und bietet verschiedene Anwendungsmöglichkeiten. Er ist leicht zugänglich und kann jederzeit stimuliert werden.

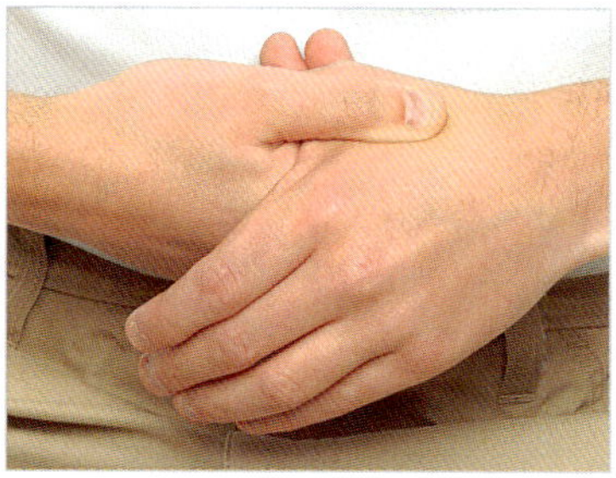

1 Suchen Sie den Dickdarm 4 auf dem Handrücken in der Falte zwischen Daumen und Zeigefinger. Am besten findet man den Punkt, indem man mit dem Daumen an die Stelle rutscht, an dem sich Zeigefinger- und Daumenknochen treffen, dann presst man zum Zeigefinger hin. Sehr wahrscheinlich spüren Sie ein Kribbeln oder Ziehen. Etwa 1 Minute pressen oder mit kleinen Kreisbewegungen massieren. Auf der anderen Hand wiederholen.

2 Massieren Sie vom Zeigefinger in einer geraden Linie zurück bis zum Dickdarm 4. Da dies der Beginn des Dickdarm-Meridians ist, kann so der Energiefluss in die richtige Richtung gelenkt und die Verstopfung gelöst werden. Auf der anderen Hand wiederholen.

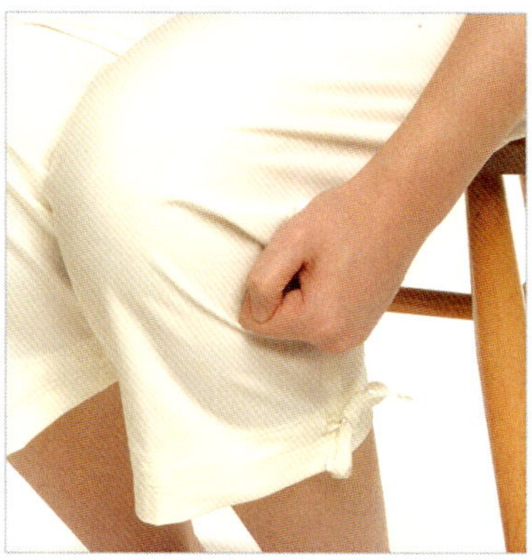

3 Jetzt legen Sie die Fingerknöchel auf Magen 36 an beiden Beinen. Der Punkt befindet sich direkt unter der Kniescheibe auf der Außenseite des Schienbeins. Reiben Sie diese Region etwa 1 Minute fest mit den Knöcheln.

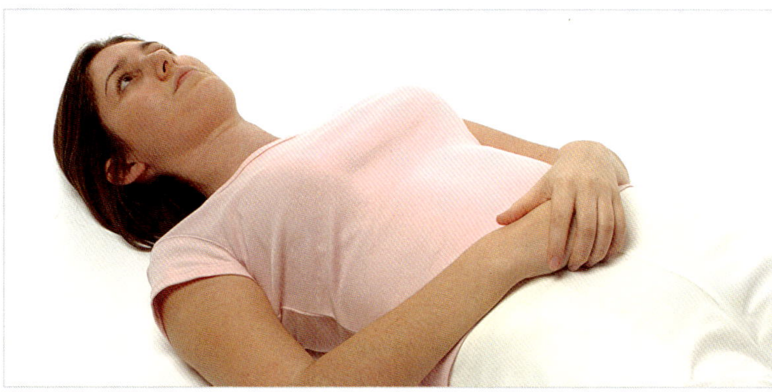

4 Dann legen Sie Ihre Fäuste zwischen Schambein und Nabel und pressen leicht auf den Bauch. Massieren Sie mit der ganzen Faust den Bereich von Konzeptionsgefäß 6 – ein oft stimulierter Akupunktur-Punkt bei Verstopfung.

Selbsthilfe durch Reflexzonentherapie

Ziel
Die Verstopfung lösen

Häufigkeit
2-mal täglich

Gegenanzeigen
Kolitis, Reizkolon

Auch hilfreich bei
Durchfall

Die Fußreflexzone für den Dickdarm beginnt am unteren Ende des rechten Fußes und reicht bis zum linken Fuß (siehe unten). Diese Übung erlaubt es Ihnen, den Verlauf des Dickdarms zu verfolgen und den Energiefluss in diesem Körperteil zu verbessern. Wenn Sie allerdings unter Durchfall leiden, sollten Sie die Behandlung in der gegenteiligen Richtung ausführen, um den Energiefluss umzukehren.

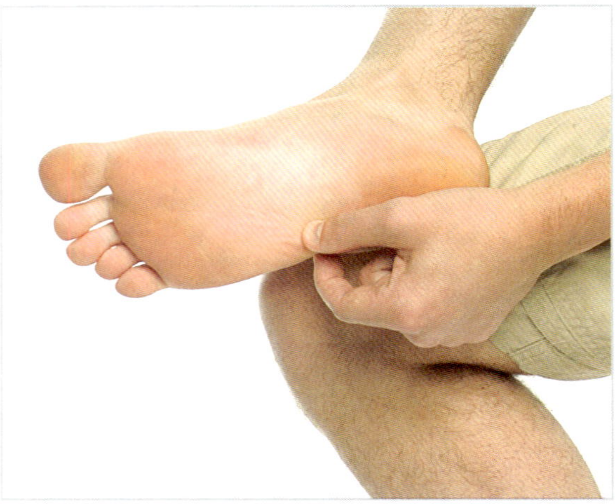

1 *Arbeiten Sie mit Ihrem linken Daumen am unteren Ende Ihres rechten Fußes. Gehen Sie im Daumengang (siehe S. 21) auf der Reflexzone in Richtung kleiner Zeh, wie hier gezeigt.*

2 *Anschließend gehen Sie im Daumengang über die Mitte des rechten Fußes.*

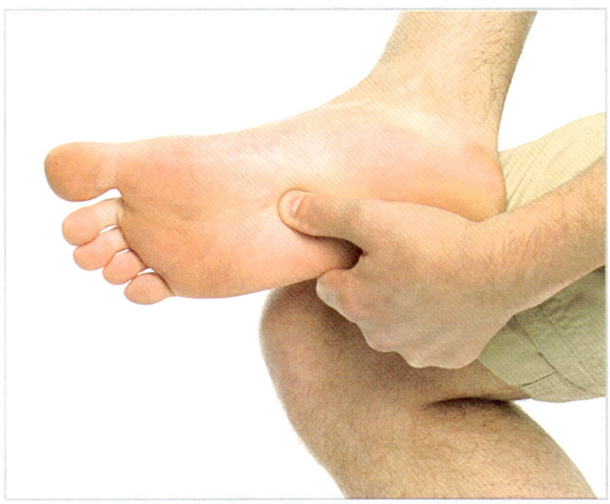

3 *Mit dem linken Daumen arbeiten Sie dann am unteren Ende des rechten Fußes. Im Daumengang gehen Sie wieder über die Mitte des Fußes, von der Innenseite der Wölbung bis zur Außenseite.*

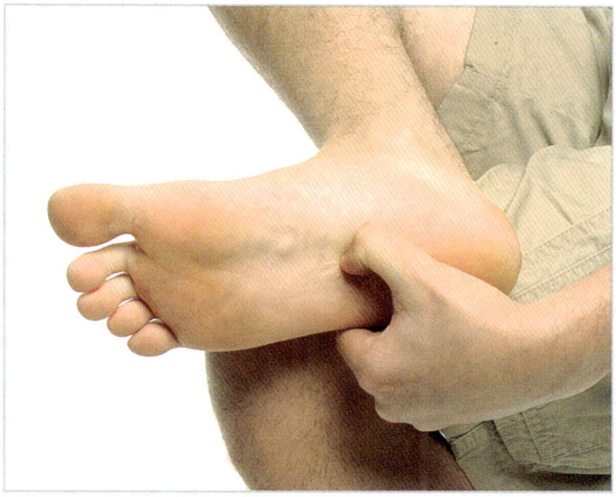

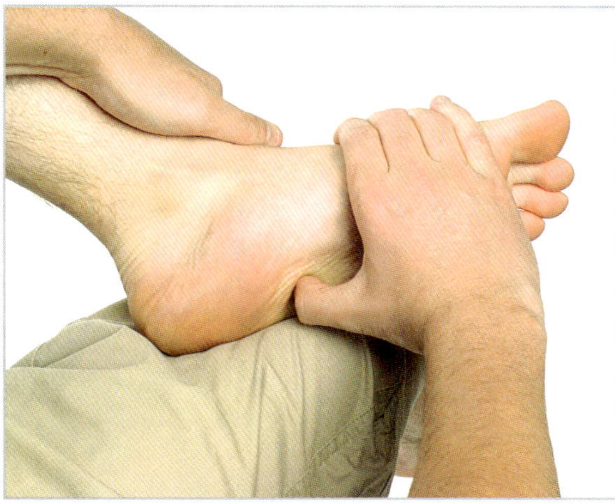

4 *Nun wechseln Sie den Fuß und gehen im Daumengang mit dem rechten Daumen die Außenkante des Fußes hinunter.*

5 *Mit dem rechten Daumen gehen Sie jetzt im Daumengang über die Ferse der Innenseite des Fußes. Wiederholen Sie die gesamte Sequenz 3-mal.*

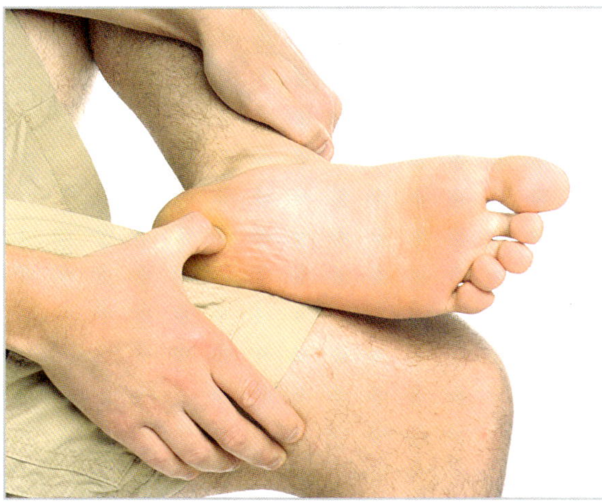

Energieverstärker

Wenn Sie plötzlich unter ständiger Müdigkeit leiden, sollten Sie Ihren Arzt konsultieren und überprüfen lassen, ob eine ernstere Erkrankung die Ursache ist. Aber bei den meisten Menschen ist das tägliche Energieloch eher ein Ärgernis als eine wirkliche Krankheit. Die Müdigkeit am Nachmittag erschwert dann die Arbeit und schmälert die Lebensfreude. Eine ausgewogene Ernährung mit viel hochwertigem Protein und regelmäßiges Kreislauftraining macht wieder munter – genauso wie diese Selbstmassagetechniken. Machen Sie diese Übungen, bevor Sie zu müde dafür sind!

Selbsthilfe durch Akupressur

Ziel
Energie der Nieren- und Nebennieren stärken

Häufigkeit
Bei Einsetzen der Müdigkeit

Gegenanzeigen
Nicht bekannt

Querverweis
Arthritis S. 28,
Verdauungsstörungen S. 50,
Schmerzen im Knie S. 54

Ebenfalls hilfreich
BL 23 – Schwindel, Reizbarkeit, Schwäche
Ma 36 – allgemeines Wohlbefinden, Schwäche, Schmerzen unterhalb des Nabels

Der Akupunktur-Punkt Blase 23 ist bekannt als das Tor der Lebenskraft. Die Massage dieses Punktes stärkt die Energie und Konzentration. Die Massage von Magen 36, auch Dreimeilenpunkt genannt, erhöht das Energieniveau.

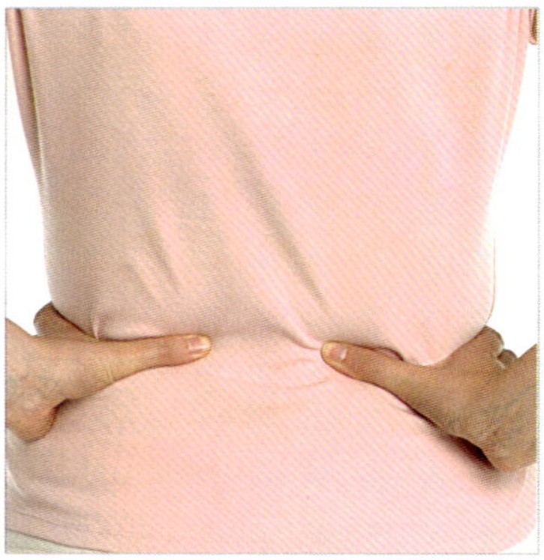

1 *Die Hände um die Taille legen, die Daumen rutschen aufeinander zu. Wenn Sie das Muskelband auf beiden Seiten der Wirbelsäule spüren, dann gleiten Sie mit den Daumen noch ein bisschen nach oben, direkt unter die Rippen. Dies ist das Tor der Lebenskraft. Lehnen Sie sich gegen die Daumen und massieren Sie die Region etwa 1 Minute mit kleinen Kreisbewegungen.*

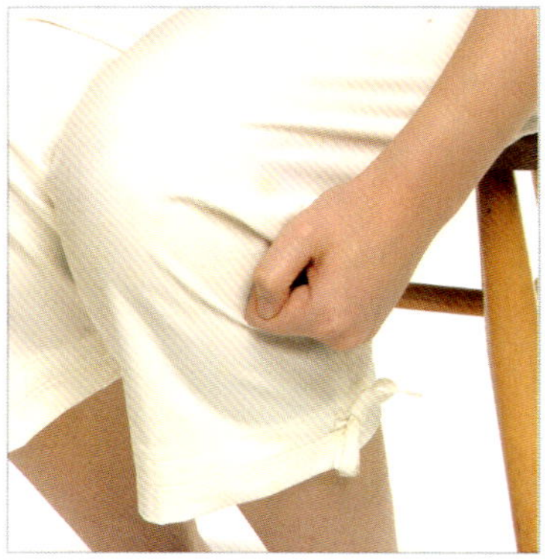

2 *Anschließend legen Sie die Fingerknöchel auf Magen 36, direkt unter der Kniescheibe auf der Außenseite der beiden Schienbeine. Reiben Sie diese Region mit den Knöcheln etwa 1 Minute fest auf und ab.*

Schnellhilfe durch Reflexzonentherapie

Ziel
Energie der Nieren- und Nebennieren stärken

Häufigkeit
Wenn nötig

Gegenanzeigen
Nicht bekannt

Querverweis
Durchblutungsprobleme S. 32

Auch hilfreich bei
Nierenbeschwerden

Mit der Technik Rotation (siehe S. 21) arbeiten Sie auf der unten angezeigten Reflexzone für die Nebennieren.

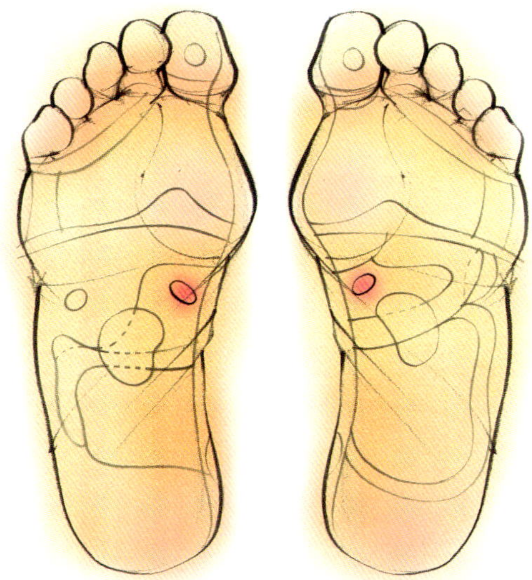

Schnellhilfe durch Selbstmassage

Ziel
Energie stärken

Häufigkeit
Bei Einsetzen der Müdigkeit

Gegenanzeigen
Nicht bekannt

Querverweis
Schmerzen im Rücken S. 56

Auch hilfreich bei
Schmerzen im unteren Rücken

Diese einfache Massage können Sie jederzeit und überall durchführen. Sie entspannt die Muskeln des unteren Rückens, die durch falsche Haltung oder falsches Sitzen Probleme machen können. Nach dieser Massage werden sie besser mit Sauerstoff versorgt, bekommen also frische Energie.

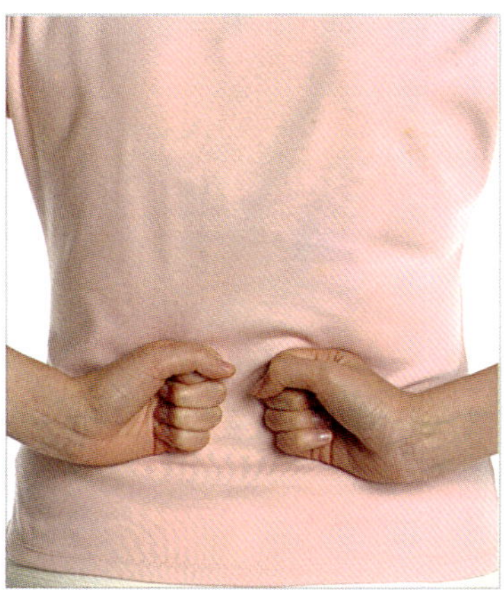

Machen Sie eine Faust und drücken Sie die Knöchel unter die Rippen im unteren Rücken. Etwa 1 Minute fest reiben.

Überanstrengte Augen

Das Problem der überanstrengten und brennenden Augen kennen alle, die viel vor dem Computer sitzen müssen oder in der Freizeit gerne sticken oder stricken. Schlechtes Licht oder zu wenig Pausen bei der Arbeit verschlimmern die Beschwerden. Legen Sie alle 15–30 Minuten eine Pause ein, schauen Sie von Ihrer Arbeit weg und betrachten Sie 20 Sekunden lang ein weiter entferntes Objekt. Es sollte mindestens sechs Meter weit weg sein. Ebenso helfen Ihnen die folgenden Selbstmassagetechniken.

Selbsthilfe durch Akupressur

Ziel
Müde Augen erfrischen

Häufigkeit
Mehrmals täglich

Gegenanzeigen
Nicht bekannt

Querverweis
Computerprobleme S. 34, Kater S. 44, Geistige Klarheit S. 62

Ebenfalls hilfreich
Ma 2 und 3 – Schnupfen, Gesichtsschmerzen, Kopfschmerzen, trockene Augen, Kopfdruck
L 3 – Kopfschmerzen, Kater, Schwindelanfall, Allergien, Fußkrämpfe

Diese Sequenz stärkt die Lebensenergie Chi im Augenbereich und ergänzt die Pausen, in denen Sie Ihre Augen auf einen entfernten Gegenstand fokussieren. Wenn Sie die Augen bei der Arbeit stark beanspruchen, sollten Sie diese Selbstbehandlung mehrmals täglich durchführen.

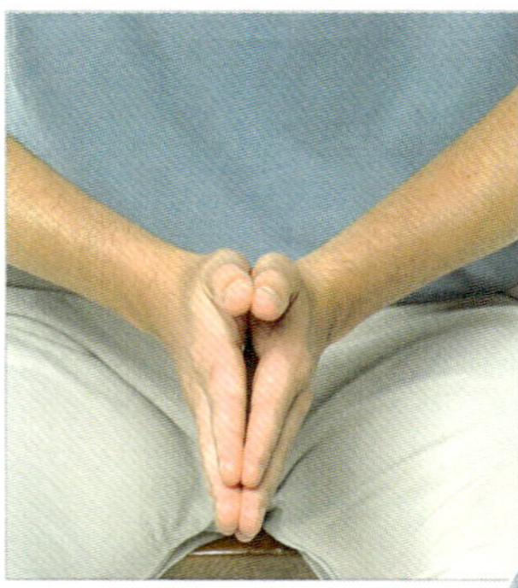

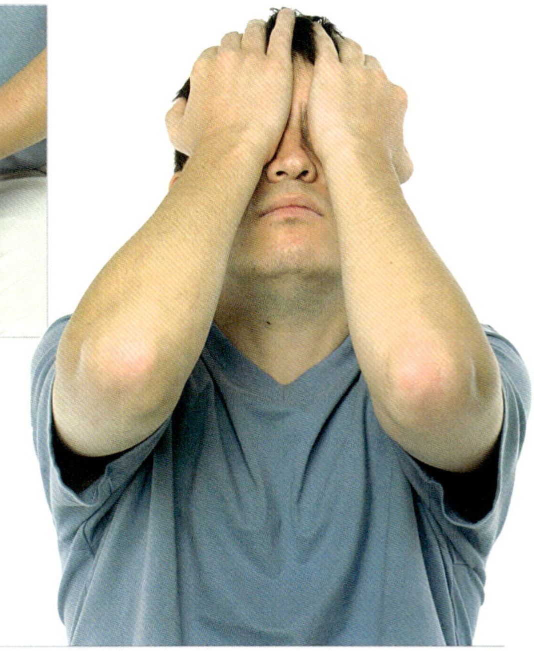

Die Hände schnell gegeneinander reiben, bis sie warm sind, dann auf die geschlossenen Augen legen. 2-mal tief atmen und dann wiederholen.

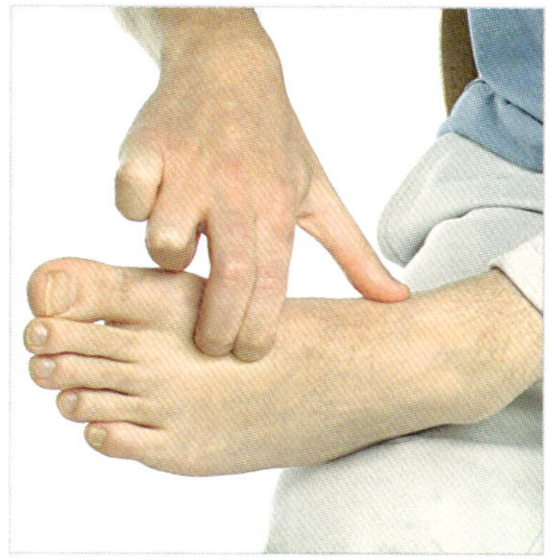

2 *Zeige- und Mittelfinger auf Punkt Magen 2 legen, der sich in der Mitte des Wangenknochens befindet, und auf Magen 3, am unteren Ende des Wangenknochens. Massieren Sie diese Region etwa 1–2 Minuten mit kleinen Kreisbewegungen.*

3 *Legen Sie den linken Fuß auf den rechten Oberschenkel. Mit dem rechten Zeige- und Mittelfinger massieren Sie etwa 1–2 Minuten Leber 3. Er befindet sich dort, wo sich die Knochen des großen und des zweiten Zehs treffen (siehe oben). Sie spüren ein Kribbeln oder Ziehen, wenn Sie den Punkt finden. Wiederholen Sie am rechten Fuß.*

Selbsthilfe durch Reflexzonentherapie

Ziel
Müde Augen erfrischen

Häufigkeit
Wenn nötig

Gegenanzeigen
Nicht bekannt

Auch hilfreich bei
Kopfschmerzen durch überanstrengte Augen

Diese einfache Technik kann bei überanstrengten Augen schnell helfen. Wenden Sie sie während einer Arbeitspause oder nach Feierabend an.

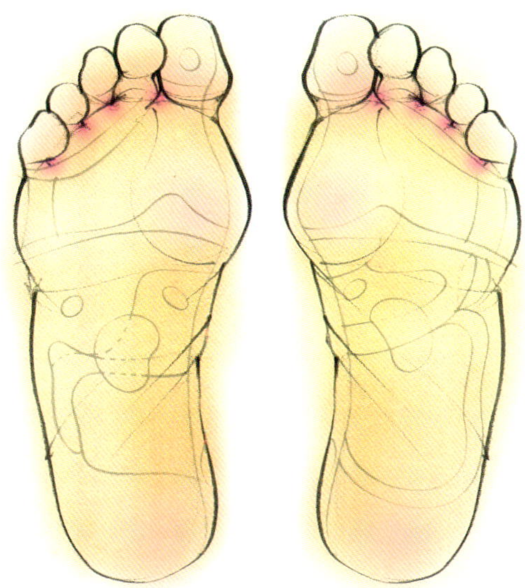

1 *Suchen Sie die Reflexzone der Augen auf dem Fuß (rechts). Rotieren und kneifen (S. 20–21) Sie diese Region etwa 5 Minuten an beiden Füßen.*

Kater

Die Selbstmassage kann auch bei Kopfschmerzen, Übelkeit und Schwindelgefühlen nach einem feuchtfröhlichen Abend helfen. Da Alkohol harntreibend wirkt, verliert der Körper viel Flüssigkeit und damit auch Kalium. Der Genuss einer Banane reicht oft schon aus, um den Kaliumpegel wiederherzustellen und den Blutzucker zu stabilisieren, und da Bananen die Magensäure neutralisieren, verschwindet auch die Übelkeit. Viel Wasser trinken am Morgen danach hebt die Dehydration des Körpers auf. Hier sind ein paar Massagetechniken, die zusätzlich helfen.

Selbsthilfe durch Indische Kopfmassage

ZIEL
Kopfschmerzen lindern

HÄUFIGKEIT
Mehrmals morgens nach dem Partyabend

GEGENANZEIGEN
Nicht bekannt

QUERVERWEIS
Überanstrengte Augen S. 42, Kopfschmerzen S. 46

AUCH HILFREICH ZUR
Anregung von Kreislauf und Lymphfluss, Abbau von Giftstoffen

Bei dieser Selbstmassage sollten Sie zusätzlich einen Eisbeutel auf die Stirn legen.

1 *Legen Sie sich auf den Boden oder aufs Bett oder setzen Sie sich bequem auf einen Stuhl. Mit den Fingerspitzen 1–3 Minuten kreisförmig die Muskeln direkt unter der Schädelbasis reiben. Beginnen Sie mit den Händen im Nacken neben der Wirbelsäule und arbeiten Sie sich bis zu den Ohren vor.*

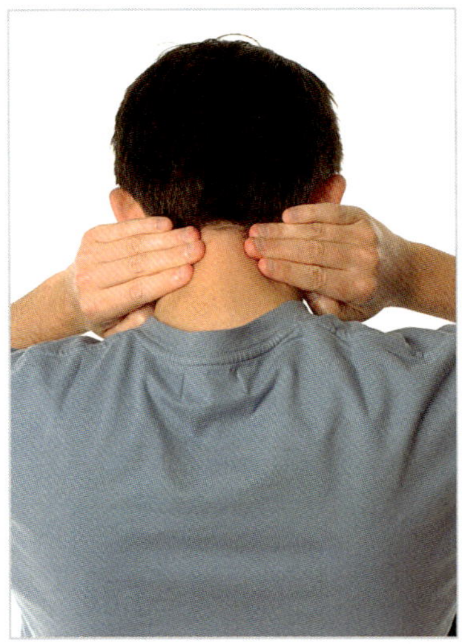

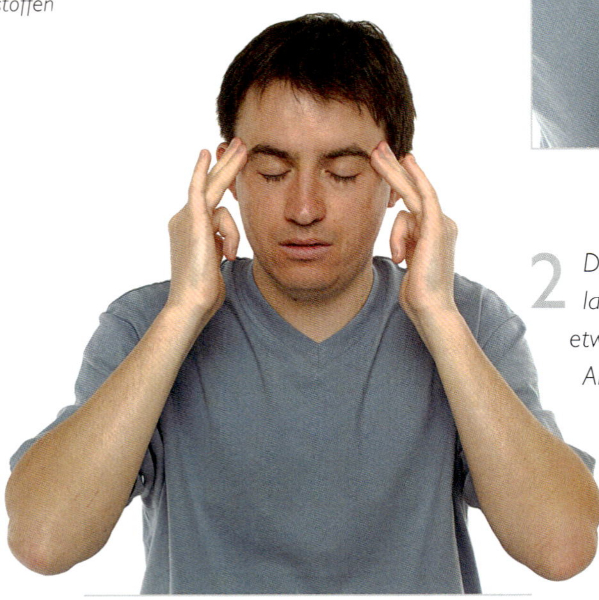

2 *Dann massieren Sie mit langsamen Kreisbewegungen etwa 1 Minute die Schläfen. Anschließend kreisen Sie 1 weitere Minute in die andere Richtung.*

Schnellhilfe durch Hydrotherapie

ZIEL
Kopfschmerzen lindern

HÄUFIGKEIT
Mehrmals morgens nach dem Partyabend

GEGENANZEIGEN
Nicht bekannt

QUERVERWEIS
Kopfschmerzen S. 46

AUCH HILFREICH BEI
Kopfschmerzen durch zu viel Essen oder durch unverträgliche Nahrungsmittel

Der altbekannte und bewährte Eisbeutel auf der Stirn ist ein ausgezeichnetes Heilmittel bei einem Kater. Die Kälte zieht die Blutgefäße zusammen und lindert so die hämmernden Kopfschmerzen.

Wickeln Sie einen Eisbeutel in ein Handtuch ein. Falls Sie keinen Eisbeutel haben, reichen auch ein paar Eiswürfel in einer Plastiktüte und diese wiederum in einem Handtuch eingewickelt. Legen Sie den Beutel etwa 10 Minuten auf die Stirn. Dann machen Sie eine Pause – wenn nötig, können Sie später noch einen neuen Eisbeutel auflegen.

Schnellhilfe durch Akupressur

ZIEL
Kopfschmerzen und Übelkeit lindern

HÄUFIGKEIT
3–5 Minuten auf jedem Punkt

GEGENANZEIGEN
Nicht bekannt

EBENFALLS HILFREICH
L 3 – Giftstoffe freisetzen, Augen beruhigen, den Geist klären
P 6 – Schlaflosigkeit, Verdauungsstörungen

Leber 3 ist ein ausgezeichneter Entgiftungspunkt. Herzbeutel „Perikard" 6 ist bekannt dafür, Übelkeit zu lindern. Diese zwei Punkte zusammen helfen Ihnen, schnell wieder fit zu werden.

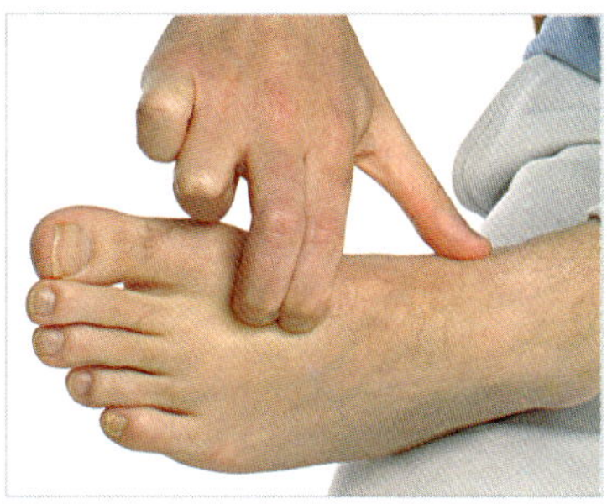

1 *Leberpunkt 3 auf beiden Füßen ca. 1 Minute pressen. Der Punkt befindet sich dort, wo die Knochen des großen und des zweiten Zehs aufeinander treffen. Sie können auch mit kleinen Kreisen massieren.*

2 *Herzbeutel 6 auf beiden Armen etwa 1 Minute pressen. P 6 befindet sich auf dem inneren Unterarm zwischen den Sehnen, etwa zweieinhalb Fingerbreit oberhalb der Handgelenkmulde. Sie können auch diesen Punkt kreisend massieren.*

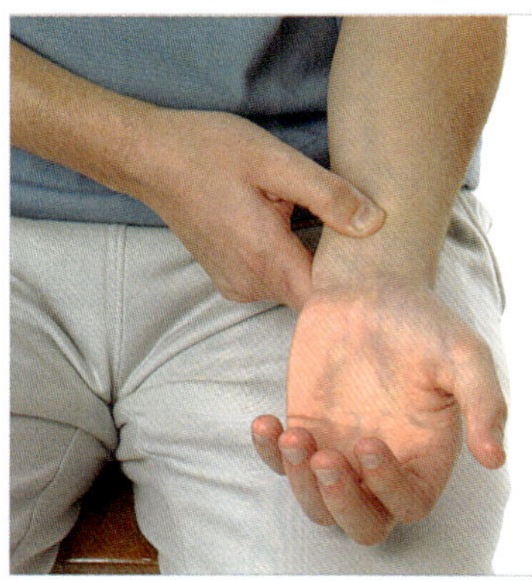

Kopfschmerzen

Wenn Sie unter gelegentlichen leichten Kopfschmerzen leiden, kann Ihnen diese einfache Selbstmassage Erleichterung verschaffen. Leiden Sie allerdings öfter unter Kopfschmerzen oder sogar unter Migräne, sollten Sie einen Arzt aufsuchen und eine spezielle Behandlung beginnen. Hier sind einige Techniken, die bei leichten Kopfschmerzen helfen.

Selbstmassage bei Spannungskopfschmerzen

Ziel
Den Schmerz von Spannungskopfschmerzen lindern

Häufigkeit
Nach 1 Stunde wiederholen, wenn die Schmerzen wieder auftreten

Gegenanzeigen
Nicht bekannt

Querverweis
Verspannungen im Nacken S. 66

Auch hilfreich bei
Steifem Nacken, verspannten Schultern

Spannungskopfschmerzen werden oft durch Muskelverspannungen in Hals und Schultern ausgelöst. Die Schmerzen sind drückend und ziehend, reagieren aber besonders gut auf die Selbstmassage.

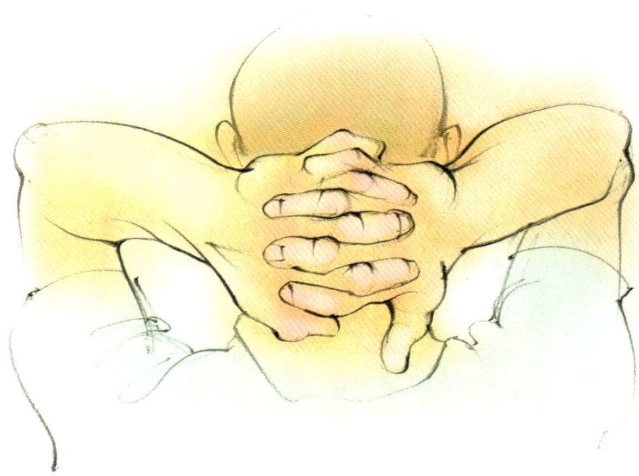

1 *Liegend oder sitzend die Hände hinter dem Hals verschränken. Hände gegeneinander pressen und aufeinander zu rutschen. Wiederholen und langsam von der Schädelbasis bis zu den Schultern hinunterarbeiten. Etwa 1 Minute fortfahren.*

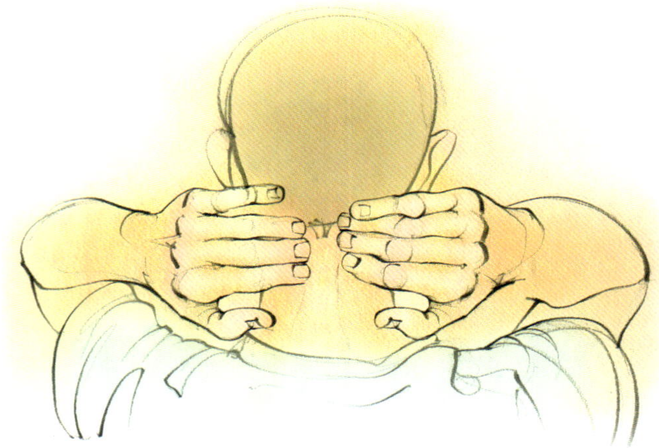

2 *Mit den Fingerspitzen die Nackenmuskeln auf beiden Seiten der Wirbelsäule mit kreisförmigen Bewegungen von der Schädelbasis bis zu den Schultern hinunter etwa 1–2 Minuten massieren.*

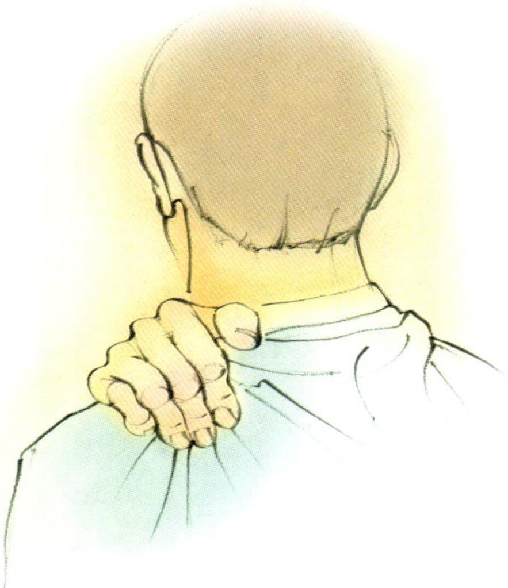

3 *Die rechte Hand auf das linke dicke Muskelband zwischen Nacken und Schultern legen. Den rechten Ellbogen mit der linken Hand unterstützen. Diese Region mindestens 1 Minute lang drücken und massieren. Auf der anderen Seite wiederholen.*

Selbsthilfe durch Reflexzonentherapie bei Spannungsko

Ziel
Den Schmerz von Spannungskopfschmerzen lindern

Häufigkeit
Falls nötig alle 1–2 Stunden wiederholen

Gegenanzeigen
Nicht bekannt

Querverweis
Zahnschmerzen S. 82

Auch hilfreich bei
Zahnschmerzen, rauem Hals, Erkältung

Bei dieser Behandlung werden die Reflexzonen der Wirbelsäule und des Gehirns stimuliert, um die Kopfschmerzen zu lindern.

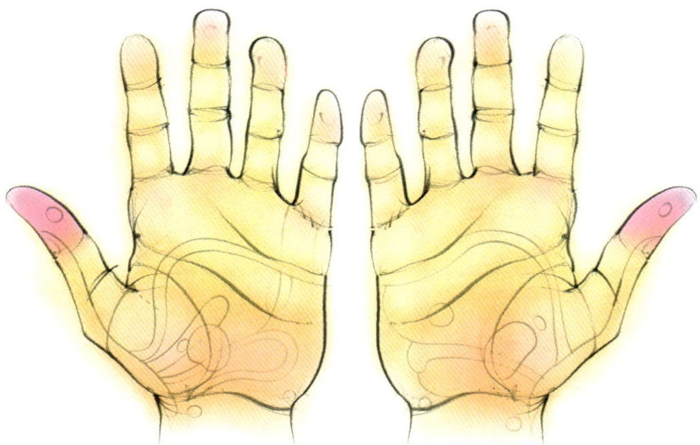

1 *Mit dem rechten Daumen und Zeigefinger die linke Daumenspitze kneifen (siehe rechts). Mit festem Druck etwa 5 Sekunden halten. 10-mal wiederholen. Die ganze Sequenz auf der anderen Hand wiederholen.*

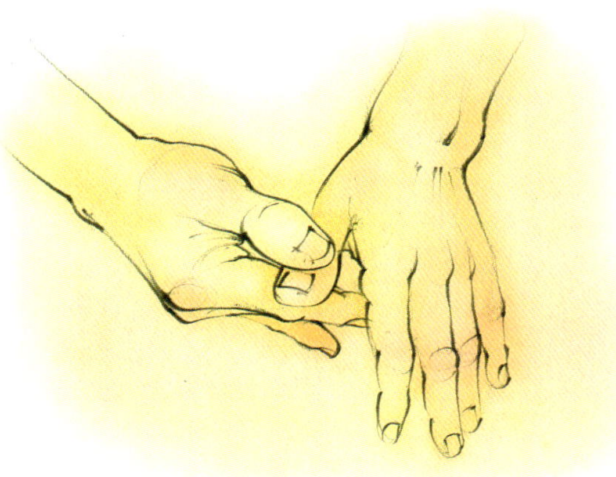

Selbsthilfe durch Akupressur bei Sinusitis-Kopfschmerzen

Ziel
Sinusitis-Kopfschmerzen lindern

Häufigkeit
So oft wie nötig

Gegenanzeigen
Nicht bekannt

Querverweis
Überanstrengte Augen S. 42,
Zahnschmerzen S. 82

Auch hilfreich bei
Verschwommener Sicht, überanstrengten Augen, Allergien, verstopfter Nase, Gesichtsschwellung, Zahnschmerzen

Diese Art von Kopfschmerzen, die vor allem in der Stirn oder um die Augen und Wangen herum auftritt, reagiert sehr gut auf Akupressur. Sie werden staunen, wie schnell der Druck nach dieser Behandlung nachlässt. Wenn der Druck durch die Sinusitis nach einiger Zeit wiederkommt, wiederholen Sie die Sequenz. Falls Sie öfter unter der Nebenhöhlenentzündung (Sinusitis) leiden, sollten Sie allerdings einen Arzt aufsuchen.

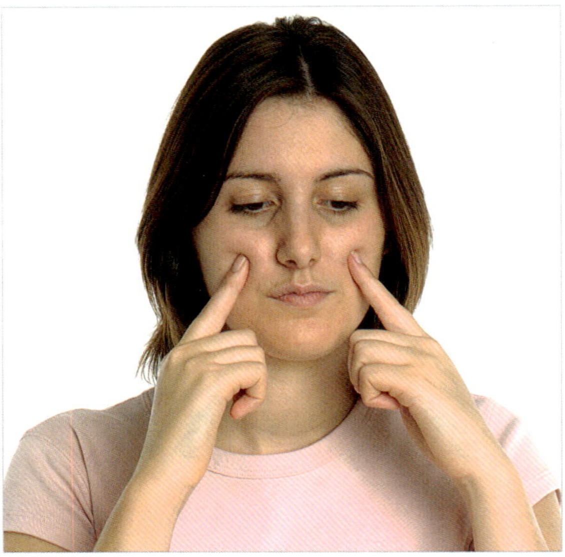

1 *Mit den Zeigefingern suchen Sie den Punkt Magen 3, der sich auf beiden Seiten unter den Augen am unteren Ende des Wangenknochens befindet. Massieren Sie diese Punkte sanft etwa 1 Minute lang.*

2 *Prüfen Sie, welcher der Punkte mehr schmerzt, dann pressen Sie den Punkt auf der betreffenden Seite noch weiter, während Sie auf der anderen Seite nach Dickdarm 20 suchen, der sich auf beiden Seiten direkt neben dem Nasenflügel befindet. Massieren Sie beide Punkte 1 Minute lang mit kleinen Kreisbewegungen.*

3 *Dann gehen Sie mit dem Finger, der sich auf Dickdarm 20 befindet, weiter nach Blase 2 am inneren Augenrand und pressen dort. Der Finger, der immer noch auf Magen 3 liegt, geht jetzt auf Dickdarm 20 auf der gleichen Seite und massiert 1 Minute in kleinen Kreisbewegungen.*

4 *Beenden Sie die Sequenz, indem Sie Blase 2 auf beiden Seiten noch 1 Minute halten. Dann ruhen Sie sich aus und atmen tief ein und aus.*

Selbsthilfe durch Akupressur bei Verdauungskopfschmerzen

ZIEL
Verdauungskopfschmerzen lindern

HÄUFIGKEIT
Mehrmals täglich

GEGENANZEIGEN
Schwangerschaft

QUERVERWEIS
Arthritis S. 28, Verstopfung S. 36, Beweglichkeit der Gelenke S. 52, Zahnschmerzen S. 82

AUCH HILFREICH BEI
Durchfall, Verstopfung, Ausschlag, Zahnschmerzen, Verspannungen im Gesicht

Verschiedene Kopfschmerzen werden durch Verdauungsstörungen nach zu üppigem Essen oder bei Verstopfung ausgelöst. Über einen der Akupunktur-Punkte, Dickdarm 4, kann das Verdauungssystem stimuliert werden, so dass der Körper die Giftstoffe besser ausscheiden kann, die verantwortlich sind für die Kopfschmerzen. Diese Behandlung können Sie ständig wiederholen.

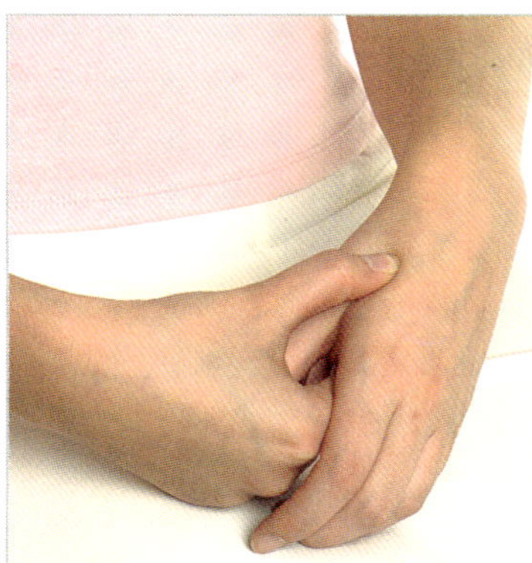

1 *Legen Sie den rechten Daumen auf Dickdarm 4 der linken Hand. Rutschen Sie mit dem rechten Daumen in die Hautfalte zwischen Daumen und Zeigefinger und pressen Sie zum Zeigefinger hin, bis Sie einen leicht schmerzenden Punkt gefunden haben. Massieren Sie 1–2 Minuten.*

Verdauungsstörungen

Der Begriff Verdauungsstörungen umfasst alle Beschwerden, die im Magen oder in anderen Teilen des Verdauungssystems auftreten, etwa Sodbrennen, exzessives Aufstoßen, Blähungen und Schweregefühl nach dem Essen. Diese Beschwerden können von Verstopfung, Durchfall, Übelkeit, Erbrechen und/oder einem allgemeinen Schwächegefühl und von Müdigkeit begleitet werden. Verdauungsstörungen können durch schlechte Essgewohnheiten wie zu schnellem oder zu üppigem Essen oder durch zu viel Fett ausgelöst werden. Allergien, Milchunverträglichkeit und zu wenig körperliche Bewegung können diese Beschwerden noch verschlimmern.

Selbsthilfe durch Reflexzonentherapie

Ziel
Sodbrennen lindern

Häufigkeit
Stündlich, bis die Symptome nachlassen, oder einmal täglich bis zur allgemeinen Besserung der Symptome

Gegenanzeigen
Nicht bekannt

Querverweis
Verstopfung S. 36

Auch hilfreich bei
Durchfall, Verstopfung, Blähungen

Um die Beschwerden richtig behandeln zu können, müssen Sie herausfinden, woran Sie leiden. Chronische Verdauungsstörungen können zu schwerwiegenden Problemen wie Magengeschwüren, Entzündungen der Speiseröhre oder zu Gallensteinen führen. Dann müssen Sie einen Arzt konsultieren. Die Selbstmassage kann allerdings andere Therapien unterstützen und hilft bei gelegentlichen Verdauungsstörungen.

Wenn der untere Schließmuskel der Speiseröhre zu schwach ist, kann Magensäure in die Speiseröhre gelangen und Sodbrennen verursachen. Die Massage der entsprechenden Reflexzone kann Sodbrennen beruhigen.

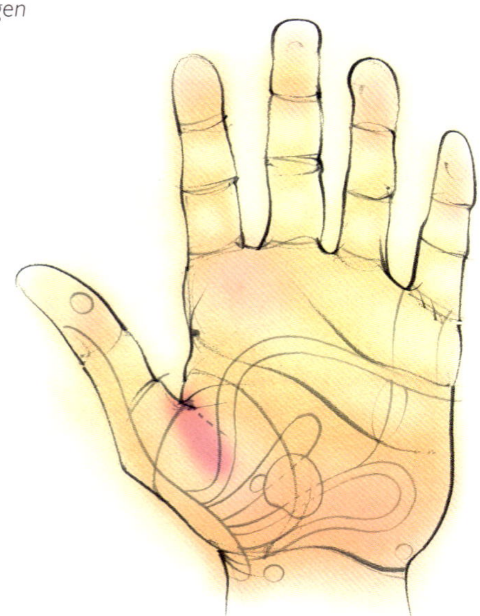

Mit den Techniken Kneifen und Rotieren (siehe S. 20–21) bearbeiten Sie 2 Minuten lang die entsprechende Reflexzone auf der linken Hand.

Selbsthilfe durch Akupressur

ZIEL
Verdauungsstörungen lindern

HÄUFIGKEIT
Beim Einsetzen der Beschwerden oder 2-mal täglich als Vorsorge

GEGENANZEIGEN
Nicht bekannt

AUCH HILFREICH BEI
Magenschmerzen; Blähungen, Durchfall, Erbrechen

Diese Akupressurmassage ist hilfreich bei Verdauungsstörungen und stärkt das Verdauungssystem im Allgemeinen.

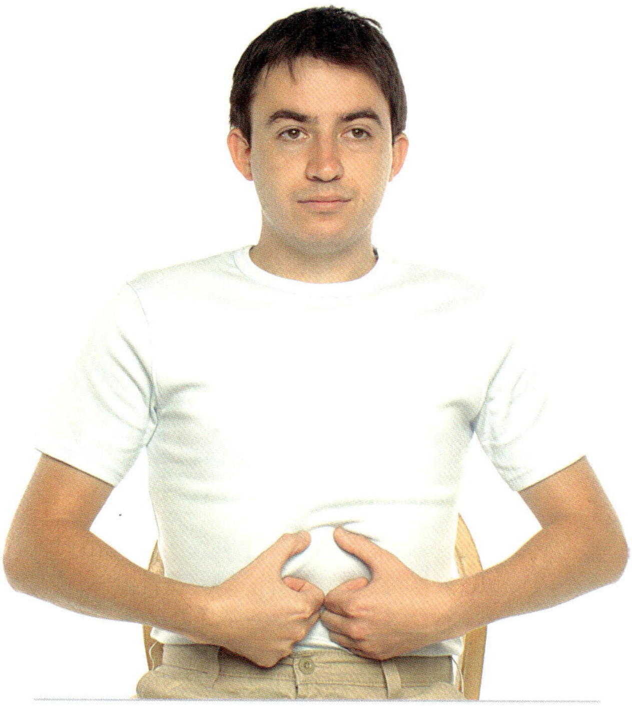

1 Lehnen Sie sich auf einem Stuhl leicht nach hinten. Legen Sie die Daumen beider Hände auf den Punkt Konzeptionsgefäß 12 zwischen der untersten Spitze des Brustbeins und dem Bauchnabel. Leicht nach innen und oben pressen. Kreisend etwa 2 Minuten massieren.

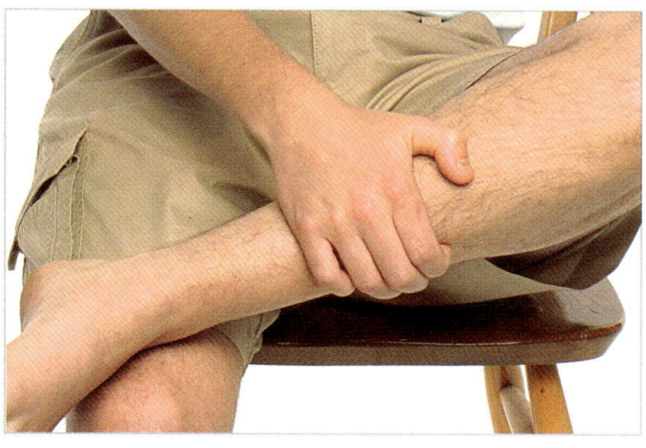

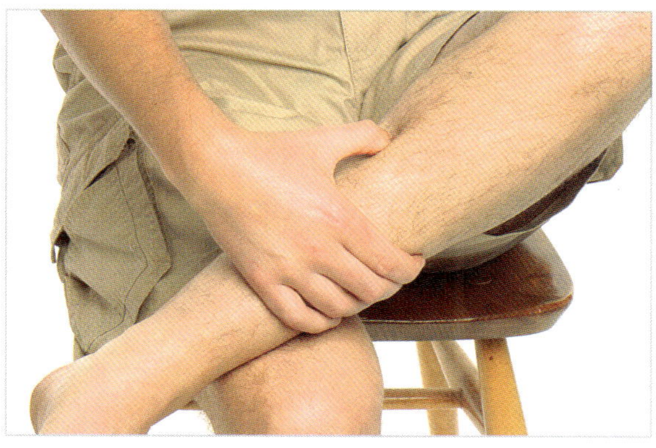

2 Den linken Knöchel auf den rechten Oberschenkel legen. Mit den Fingerspitzen der rechten Hand etwa 2 Minuten lang über die Außenseite des linken Schienbeins streichen, von direkt unter dem Knie bis zum Fußansatz.

3 An der Innenseite des Schienbeins mit dem Daumen auf dem Unterschenkel 2 Minuten lang nach oben streichen. Am rechten Bein wiederholen.

Beweglichkeit der Gelenke

Verletzungen, Erkältungen, Kälte, Arthritis, Überbeanspruchung der Hände oder Füße und auch eine zu saure Ernährung können Ursachen für steife Gelenke sein. In der Chinesischen Medizin gelten die Gelenke als wichtige Orte des Körpers, an denen sich die Lebensenergie Chi sammelt. Viele Akupunktur-Punkte befinden sich deswegen an den Handgelenken und Knöcheln. Für schmerzende Gelenke sind sanfte Dehnungen und eine sanfte Massage eine Wohltat. Allerdings darf keine akute Entzündung vorliegen. Die tägliche Massage der Hand- und Fußgelenke kann den Chi-Fluss durch den ganzen Körper fördern. Folgende Techniken lassen sich leicht ausprobieren.

Hilfe durch Selbstmassage

Ziel
Beruhigung von schmerzenden und entzündeten Gelenken in den Händen

Häufigkeit
5-minütige Massage 1–2-mal täglich

Gegenanzeigen
Entzündete Gelenke dürfen nicht direkt massiert werden

Querverweis
Arthritis S. 28, Computerprobleme S. 34

Auch hilfreich bei
Karpaltunnelsyndrom

Gleitmittel wie Tigerbalsam oder andere auf Kampfer basierende Produkte machen diese Massage noch wohltuender. Diese Übung ist für die Hände gedacht, kann aber auch leicht auf die Knöchel übertragen werden.

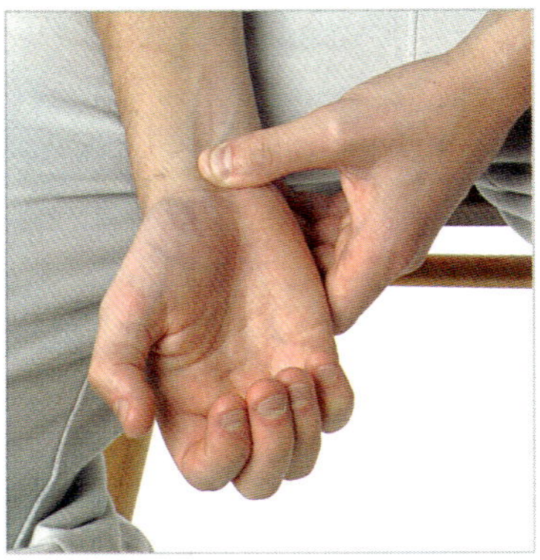

1 *Wenn Sie ein Gleitmittel benutzen, reiben Sie erst eine großzügige Menge auf die Vorder- und Rückseite des Handgelenks. Wenn nicht, machen Sie gleich weiter mit Schritt 2.*

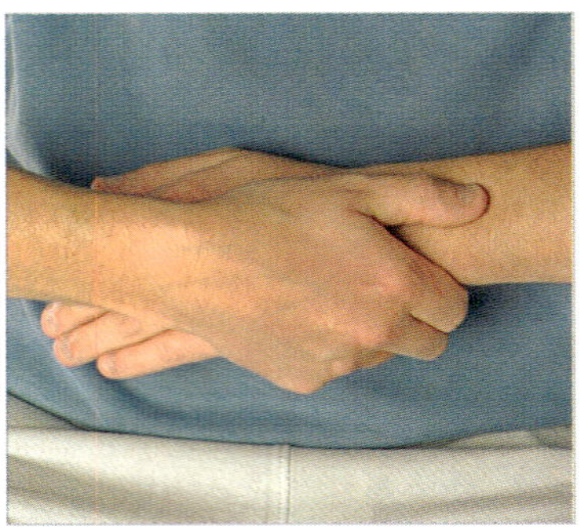

2 *Vorsichtig das gesamte Gelenk massieren. Beginnen Sie mit kleinen Kreisbewegungen Ihres Daumens über der Handgelenkfalte an der Innenseite Ihres Handgelenks. Mindestens 1 Minute, dann machen Sie mindestens 1 Minute lang kleine Kreise um die Falte herum.*

3 *Drehen Sie die Hand um. Die Hand mit den Fingern an der Außenkante halten und mit dem Daumen kleine Kreise ausführen, um auch diese Seite des Handgelenks zu massieren. Mindestens 1 Minute fortfahren.*

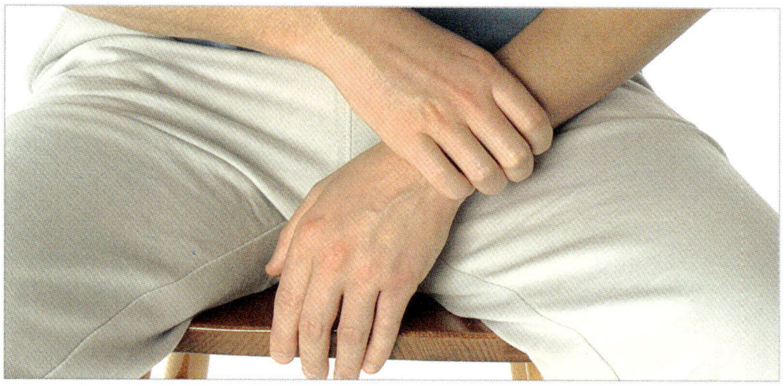

4 *Drehen Sie die Hand wieder um und halten Sie das Handgelenk fest mit den Fingern der anderen Hand. Mehrmals sanft drücken. Dadurch entsteht mehr Platz im Karpaltunnel. Mit einer Handmassage (siehe S. 28) abschließen. Alle Schritte auf der anderen Seite wiederholen.*

Selbsthilfe durch Triggerpunkte

Ziel
Linderung von schmerzenden und wunden Knöcheln und Füßen

Häufigkeit
Mehrmals täglich, bis der Schmerz nachlässt

Gegenanzeigen
Eingeschränkte Beweglichkeit der Hüften

Querverweis
Müde Füße S. 80

Das Lösen des Triggerpunktes auf dem Schienbein kann bei Schmerzen in Knöcheln und Füßen helfen.

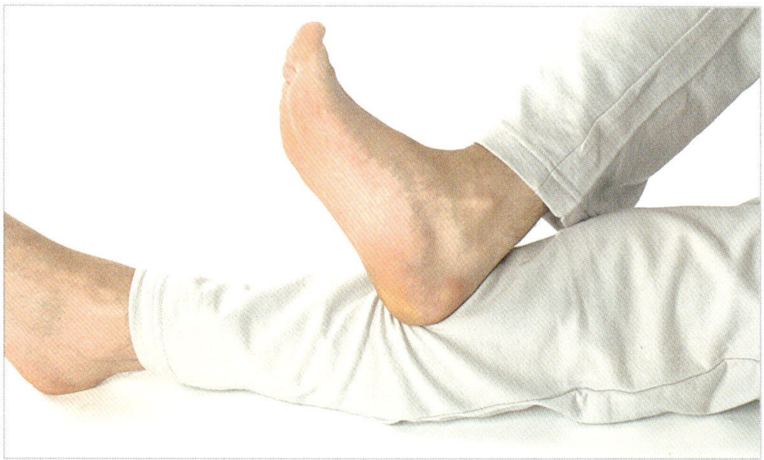

1 *Setzen Sie sich auf einen Stuhl oder auf den Fußboden. Der erste Schritt dieser Massage besteht im Auffinden des Triggerpunktes. Er liegt auf der Außenseite des Schienbeins, etwa auf einem Drittel der Strecke vom Knie zum Fußansatz. Diesen Punkt zu finden ist nicht so einfach, denn die Muskeln hier sind meist sehr dick. Wenn Sie die Zehen anheben, spüren Sie einen Muskel auf der Außenseite des Schienbeins heraustreten. Halten Sie die Finger auf diesen Muskel, entspannen Sie die Zehen, rutschen Sie mit den Fingern dann etwa ein Drittel des Schienbeins hinunter und suchen Sie nach einer verspannten oder empfindlichen Region.*

2 *Jetzt legen Sie die Ferse des anderen Fußes auf diese Region und reiben diesen Bereich mit der Ferse intensiv für 1–2 Minuten. Am anderen Bein wiederholen. Mit einer beruhigenden Fußmassage (siehe S. 14) schließen Sie die Behandlung ab.*

Schmerzen im Knie

Schmerzen im Knie können durch Arthritis, Sehnenscheidenentzündung, Schleimbeutelentzündung, beschädigte Bänder oder Knorpel oder auch durch sehr verspannte Oberschenkelmuskeln ausgelöst werden. Um die Schmerzen richtig zu behandeln, muss man die Ursache kennen. Wenn Sie nur gelegentlich Schmerzen verspüren, können diese Selbstmassagetechniken recht schnell helfen, bei chronischen Schmerzen sind sie eine nützliche Unterstützung anderer Therapien.

Selbsthilfe durch Triggerpunkte

Ziel
Schmerzen im Knie lindern, vor allem bei verspannten Oberschenkelmuskeln

Häufigkeit
Täglich

Gegenanzeigen
Nicht bekannt

Auch hilfreich bei
Steifen Oberschenkeln

Schmerzen im Knie sind oft das Ergebnis dicker Knoten in der Oberschenkelmuskulatur, verursacht durch Überbeanspruchung. Bei Schmerzen unter der Kniescheibe probieren Sie die erste Technik aus, bei Schmerzen etwas über dem Kniegelenk den zweiten Triggerpunkt.

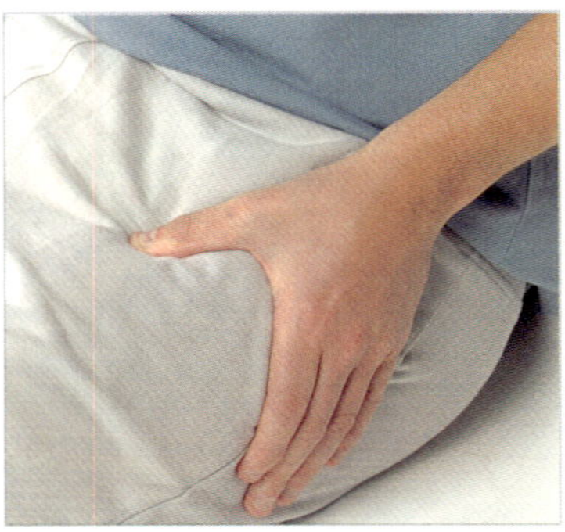

1 *Legen Sie Ihren Daumen auf den Oberschenkel unterhalb der Leiste und suchen Sie nach einer knotigen oder verspannten Region. Massieren Sie dort mit beiden Daumen kreisend oder mit der Unterseite Ihres Handgelenks für 3–5 Minuten.*

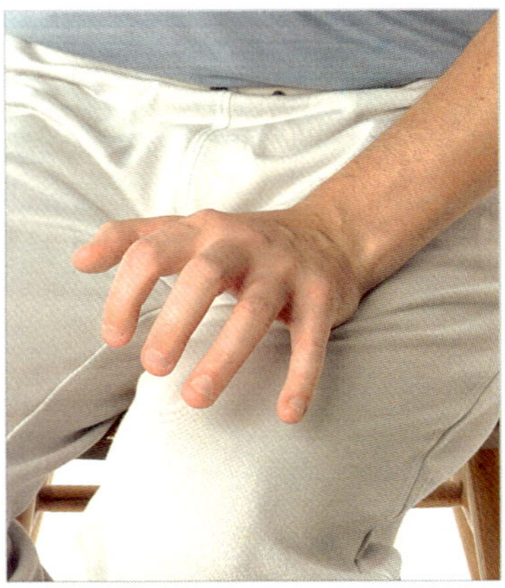

2 *Legen Sie die Daumen auf die Mitte des Oberschenkels, in gleicher Entfernung von Leiste und Knie. Suchen Sie mit dem Daumen nach einer knotigen Region. Sie sollte sich sehr verspannt, fast schon schmerzhaft anfühlen. Massieren Sie diesen Bereich mit beiden Daumen oder mit dem Handballen in kleinen Kreisen für 3–5 Minuten.*

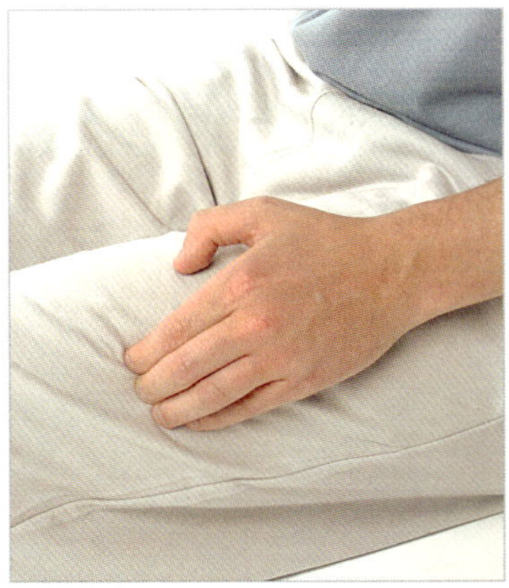

3 *Dann suchen Sie auf der Außenseite des Oberschenkels nach verspannten Bereichen. Wenn Sie welche finden, sollten Sie auch diese mit den Fingerspitzen beider Hände massieren, von oben in Richtung Kniegelenk.*

Selbsthilfe durch Akupressur

Ziel
Linderung von Knieschmerzen (vor allem bei Arthritis)

Häufigkeit
2–3-mal täglich

Gegenanzeigen
Falls Sie vor kurzem am Knie operiert wurden, konsultieren Sie vorher bitte Ihren Arzt

Querverweis
Arthritis S. 28, Verstopfung S. 36, Energieverstärker S. 40

Auch hilfreich bei
Verstopfung, Magenbeschwerden, Erschöpfung

Diese Massage tut Ihnen besonders gut, wenn sie regelmäßig und täglich gemacht wird.

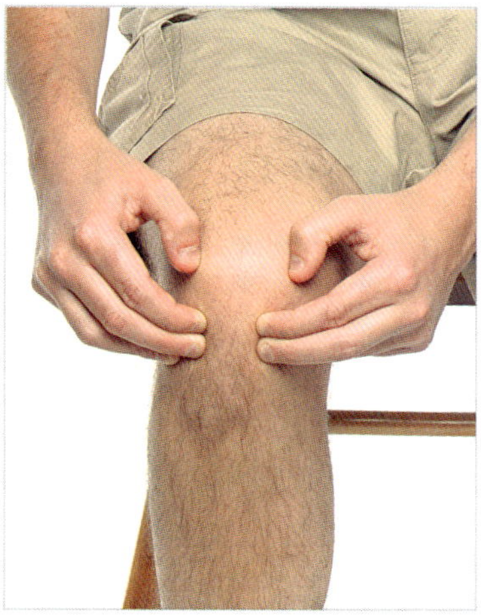

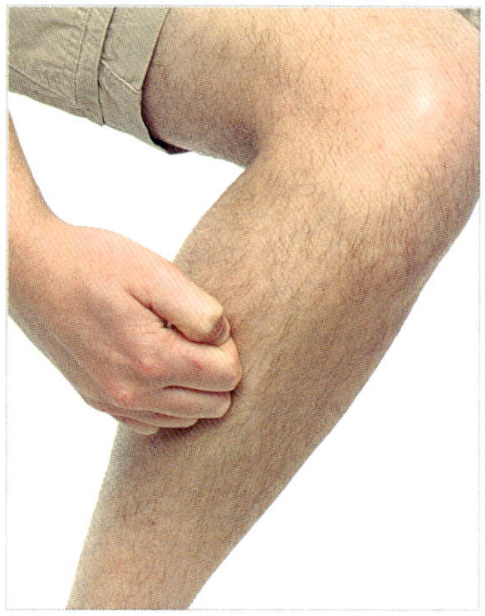

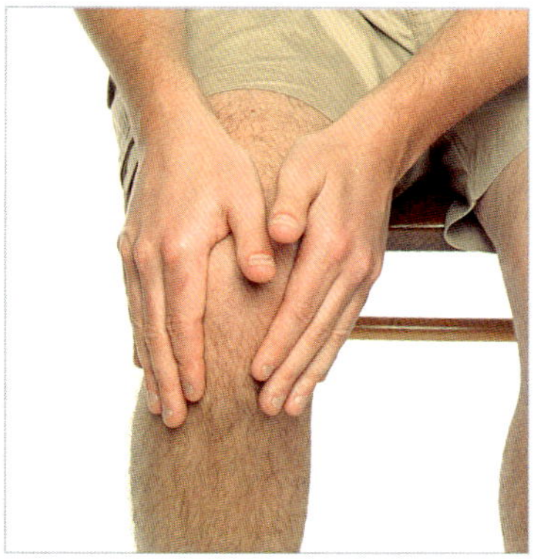

1 *Reiben Sie das Kniegelenk fest zwischen beiden Handflächen. Dann massieren Sie die Muskeln um das Knie herum etwa 2 Minuten (links).*

2 *Suchen Sie den Akupunktur-Punkt „Xiyan" (ein Extrapunkt ohne Nummer). Er liegt auf beiden Seiten der Sehne direkt unterhalb der Kniescheibe. Massieren Sie beide Seiten der Sehne etwa 1 Minute mit Zeige- und Mittelfinger beider Hände (oben links).*

3 *Dann reiben Sie 1 Minute mit den Fingerknöcheln den Akupunktur-Punkt Magen 36 vier Fingerbreit unter der Kniescheibe auf der Außenseite des Schienbeins.*

Schnellhilfe durch Reflexzonentherapie

Ziel
Knieschmerzen lindern

Häufigkeit
Einmal täglich oder öfter

Gegenanzeigen
Nicht bekannt

Auch hilfreich bei
Schmerzen in Hüften und Beinen

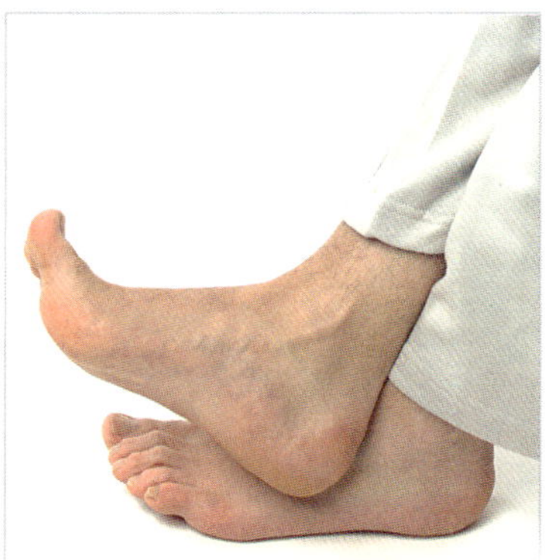

1 *Ziehen Sie die Schuhe aus. Pressen Sie 2 Minuten lang die Ferse des rechten Fußes auf die Außenseite des linken Fußes. Auf der anderen Seite wiederholen.*

2 *Alternativ legen Sie den linken Fuß auf den rechten Oberschenkel und stimulieren die Oberseite des Fußes mit den Fingern.*

Schmerzen im Rücken

90 Prozent der Bevölkerung leiden früher oder später unter Schmerzen im unteren Rücken, verursacht durch solch unterschiedliche Faktoren wie schlechte Haltung, Bandscheibenvorfall, verzerrte Muskeln oder Bänder, Entzündung des Beckenknochens, chronische Verstopfung oder prämenstruelle Anspannung. Manchmal tritt der Schmerz auch zusammen mit Ischias auf und wandert dann das ganze Bein hinunter. Linderung bringt eine professionelle Behandlung beim Chiropraktiker, Masseur oder Physiotherapeuten, die durch die folgende Selbstmassage ergänzt wird.

Hilfe durch Selbstmassage

Ziel
Linderung der Rückenschmerzen

Häufigkeit
Mehrmals täglich

Gegenanzeigen
Nicht bekannt

Querverweis
Energieverstärker S. 40,
Do-In Selbstmassage S. 86

Auch hilfreich bei
Ischias, Lähmung der unteren Extremitäten

Diese einfache Massage können Sie auf einem stabilen Stuhl sitzend zu Hause oder bei der Arbeit durchführen.

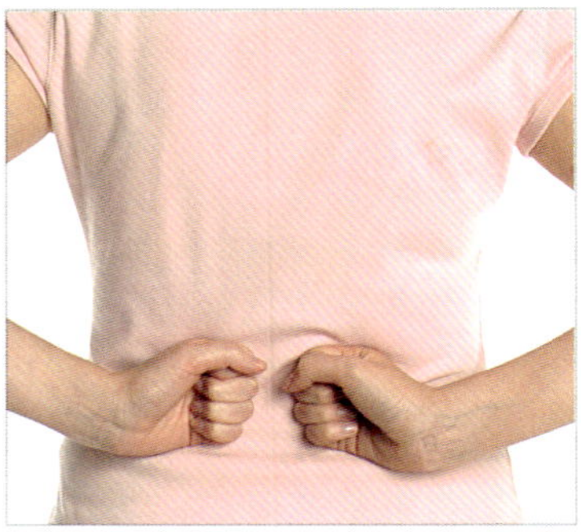

1 *Ballen Sie die Fäuste und lehnen Sie sich leicht nach vorn. Reiben Sie etwa 1 Minute lang mit den Fingerknöcheln seitlich der Wirbelsäule schnell auf und ab und von einer Seite zur anderen.*

2 *Dann legen Sie Ihre Hände in die Taille, die Daumen zeigen nach hinten. Pressen Sie fest in die verspannte Muskulatur des unteren Rückens und des Kreuzbeins. Lehnen Sie sich in die Daumen hinein. Dann bewegen Sie die Daumen an eine andere Stelle und lehnen sich wieder hinein. Tun Sie dies für jeweils 1–2 Minuten. Bevor Sie die Daumen neu platzieren, machen Sie kleine Kreisbewegungen.*

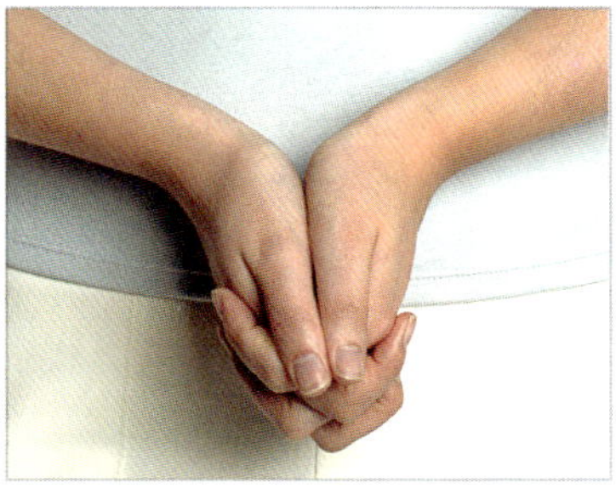

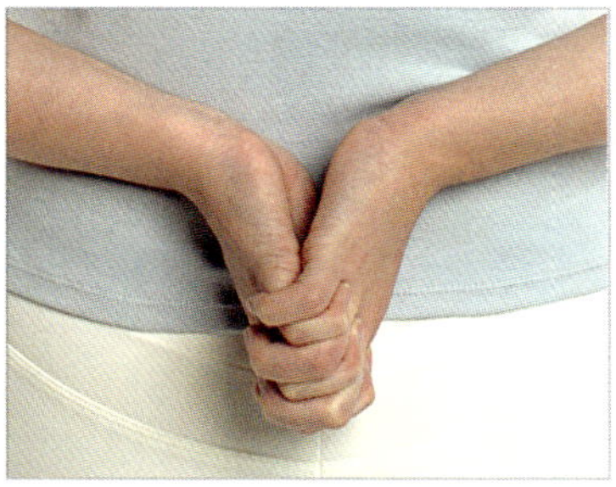

3 Jetzt falten Sie die Hände hinter dem Rücken, die Daumen bleiben gerade und sind gegeneinander gepresst. Mit der Daumenseite 1 Minute lang gegen das Kreuzbein klopfen.

Die Schmerzen im unteren Rücken können auch durch stark verspannte Oberschenkelmuskeln (auf der Rückseite der Oberschenkel) ausgelöst werden. Viele Menschen lagern den Stress in der Oberschenkelmuskulatur ab wie andere im Nacken oder in den Schultern. Das Dehnen und Massieren dieser Muskeln hat daher eine wohltuende Wirkung auch auf den unteren Rücken.

1 Mit den Handrücken die hintere Oberschenkelmuskulatur etwa 1 Minute lang klopfen. Es kann gut tun, ziemlich fest zu klopfen.

2 Dann kneten Sie die Muskeln mit beiden Händen etwa 1 Minute lang. Schritt 1 und 2 am anderen Bein wiederholen.

3 Wenn Sie mit der Massage fertig sind, strecken Sie beide Beine vor sich aus. Legen Sie die Hände auf Schienbein oder Knöchel und lehnen Sie sich nach vorn. Wenn Sie die Dehnung im unteren Rücken spüren, versuchen Sie, die Zehen aufzustellen, so dass sie zum Kopf zeigen. Die Dehnung sollte vor allem an der Rückseite der Beine zu spüren sein.

Selbsthilfe durch Akupressur

Ziel
Linderung der Rückenschmerzen

Häufigkeit
Mehrmals täglich

Gegenanzeigen
Nicht bekannt

Querverweis
Menstruationsbeschwerden S. 60

Auch hilfreich bei
Ischias, Lähmung der unteren Extremitäten

Einige der besten Akupunktur-Punkte für die Behandlung von Schmerzen im unteren Rücken liegen auf Beinen und Knöcheln. Diese Punkte sind leicht zugänglich.

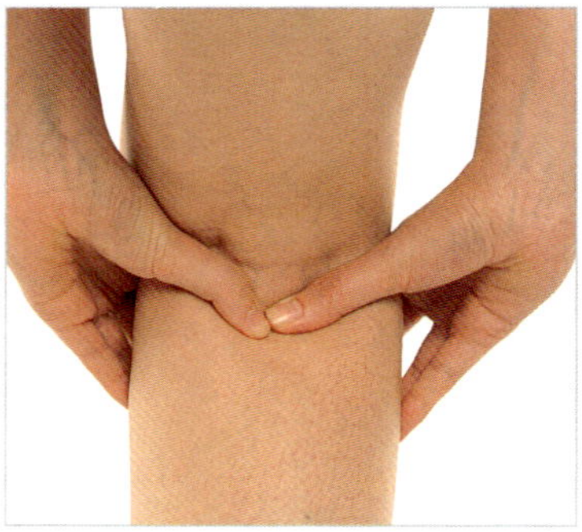

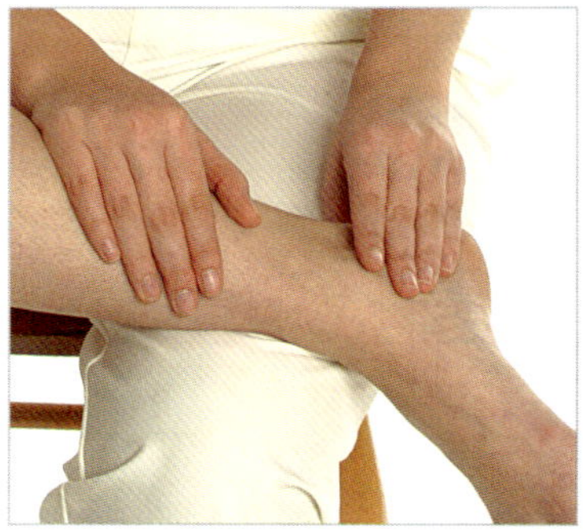

1 *Suchen Sie Blase 40 auf Ihrem rechten Bein. Der Punkt liegt zentral auf der Innenseite des Knies (siehe oben links) und kann sehr verspannt sein. Massieren Sie den Punkt sanft mit den Daumen für 1–2 Minuten.*

2 *Dann legen Sie Ihren rechten Fuß auf den linken Oberschenkel und suchen Blase 60, der zwischen der Achillessehne und dem äußeren Knöchel liegt. Massieren Sie hier 1–2 Minuten mit dem Daumen. Am linken Bein wiederholen.*

Selbsthilfe durch Reflexzonentherapie

Ziel
Linderung der Rückenschmerzen

Häufigkeit
Mehrmals täglich

Gegenanzeigen
Nicht bekannt

Querverweis
Menstruationsbeschwerden S. 60

Auch hilfreich bei
Ischias, Lähmung der unteren Extremitäten

Die Innenseite des Fußes von der Ferse bis zum großen Zeh enthält viele Reflexzonen der Wirbelsäule. Die Massage dieser ganzen Region wirkt sich wohltuend auf den unteren Rücken aus. Wenn die Hüften oder der Rücken zu steif sind, um den Fuß auf den Oberschenkel zu legen, bearbeiten Sie stattdessen die Reflexzonen auf der Hand (siehe nächste Seite).

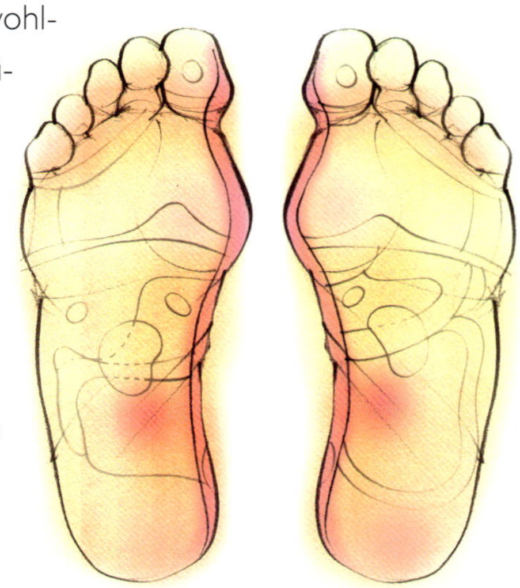

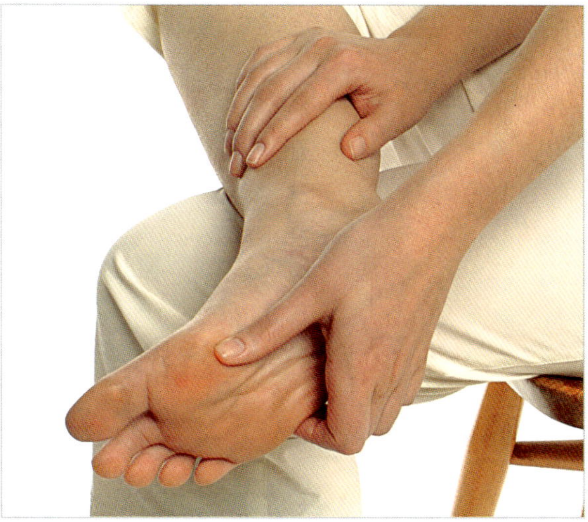

1 *Nehmen Sie die innere Unterseite des rechten Fußes mit beiden Händen und drehen und drücken sie. Dann gehen Sie mit dem linken Daumen im Daumengang (siehe S. 21) an der Innenseite der Fußwölbung hoch, von der Ferse bis zu den Zehen. Etwa 1–2 Minuten lang.*

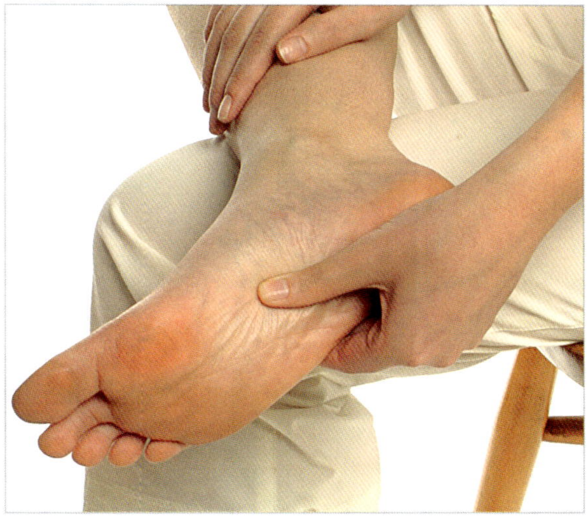

2 *Danach gehen Sie im Daumengang etwa 1–2 Minuten lang die untere Hälfte der Fußwölbung hoch. Am linken Fuß wiederholen.*

Schnellhilfe durch Reflexzonentherapie der Hand

ZIEL
Linderung der Rückenschmerzen

HÄUFIGKEIT
Mehrmals täglich

GEGENANZEIGEN
Nicht bekannt

AUCH HILFREICH BEI
Ischias

Wenn Ihre Hüfte oder der Rücken zu steif sind, um den Fuß auf den Oberschenkel zu legen, können Sie stattdessen auch die Reflexzonen auf den Händen massieren.

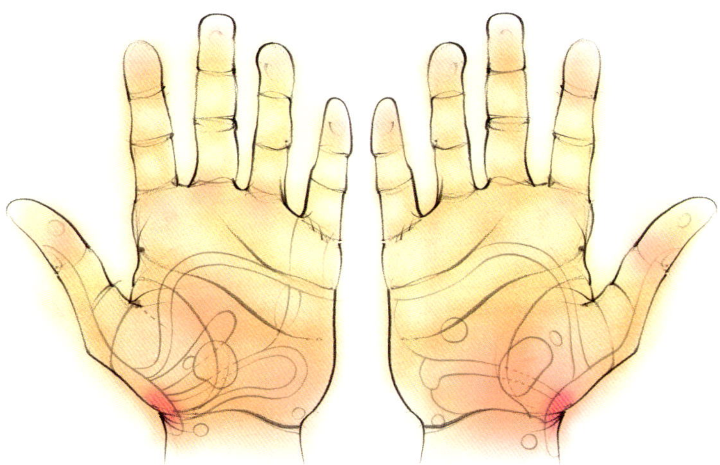

1 *Gehen Sie im Daumengang (siehe S. 21) etwa 2 Minuten über die Reflexzonen. Mehrmals täglich wiederholen.*

Menstruationsbeschwerden

Die Beschwerden vor, während und nach der Menstruation werden durch verschiedene Faktoren hervorgerufen: verspannte Muskulatur im unteren Rücken und/oder im Becken, hormonelles Ungleichgewicht, Mangel an Sport, Anämie und Verstopfung. Konsultieren Sie einen Arzt, um die Ursache herauszufinden und die Behandlung einzuleiten. Diese einfache Selbstmassage kann dann die Therapie unterstützen.

Hilfe durch Selbstmassage

Ziel
Schmerzen und Spannungen im unteren Rücken und Becken lindern

Häufigkeit
1–2-mal täglich

Gegenanzeigen
Nicht bekannt

Querverweis
Schmerzen im Rücken S. 56

Auch hilfreich bei
Ischias, Schmerzen im unteren Rücken

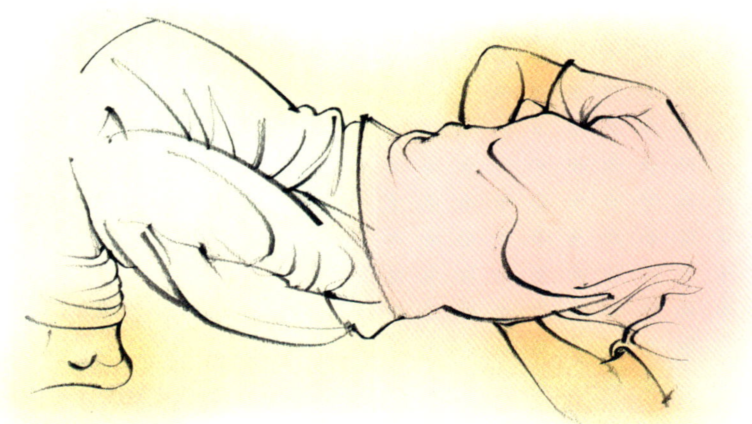

1 Legen Sie sich auf den Teppich oder auf eine Decke. Die Knie anheben und die Füße flach auf den Boden stellen. Die Hüften anheben und die Fäuste mit den Fingerknöcheln nach oben auf beide Seiten der Wirbelsäule unter den unteren Rücken legen. Dann die Hüften sanft von Seite zu Seite wiegen, so dass die Rückenmuskeln massiert werden. (Sie können auch zwei Tennisbälle in einen Strumpf stecken, unter den Rücken legen und die Hüften wiegen.)

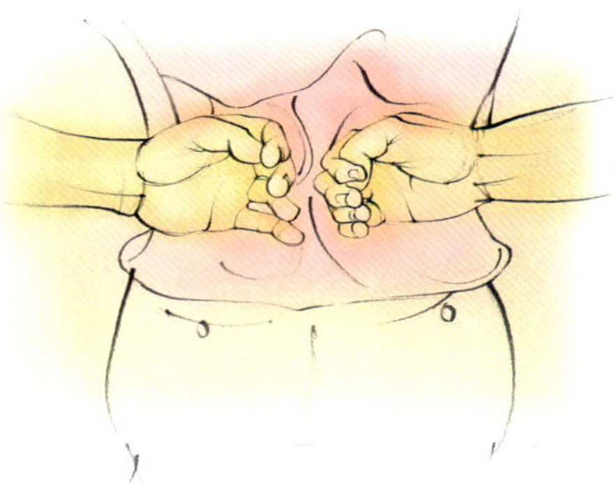

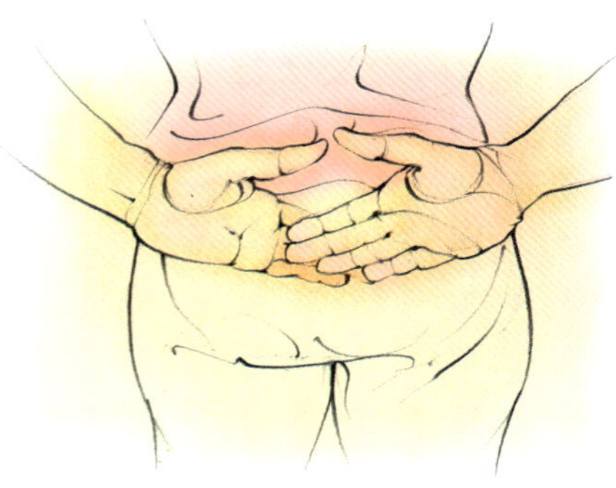

2 Danach die Hüften anheben, die Handflächen unter den Rücken legen und in Richtung Kreuzbein gleiten lassen (unterer Rücken). Dann die Hüften auf die Hände legen und wieder seitlich hin- und herwiegen.

Selbsthilfe durch Akupressur

Ziel
Linderung der Menstruationsbeschwerden

Häufigkeit
2–3-mal täglich, eine Woche vor der Menstruation beginnen

Gegenanzeigen
Dieser Punkt darf die letzten 2 Monate der Schwangerschaft nicht mehr gepresst werden, er könnte Wehen auslösen

Querverweis
Schmerzen im Rücken S. 56

Auch hilfreich bei
Wasseransammlung, Schmerzen im Genitalbereich, Magenbeschwerden

Dieser Akupunktur-Punkt ist bekannt für seine wohltuende Wirkung bei Menstruationsbeschwerden. Stimulieren Sie ihn mehrmals täglich in der Woche vor der Menstruation und an den ersten Tagen der Periode, wenn Sie Beschwerden verspüren.

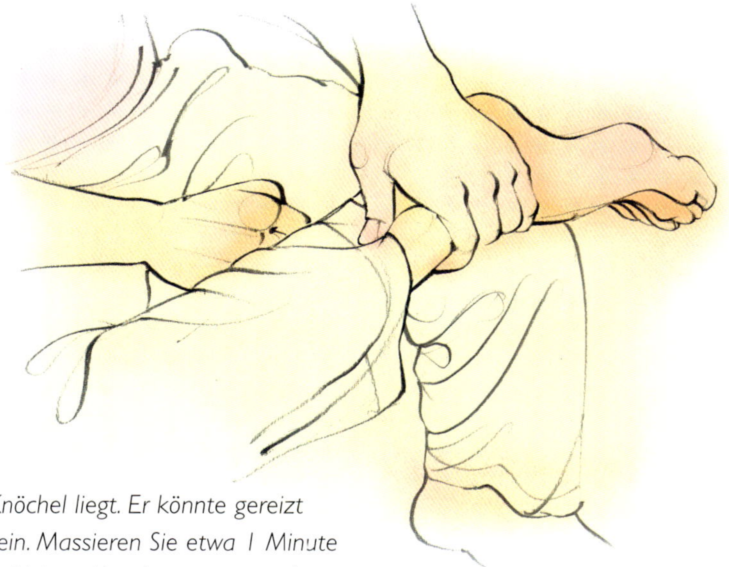

Legen Sie Ihren rechten Fuß auf den linken Oberschenkel und suchen Sie Galle 6, der auf der Innenseite des Schienbeins etwa vier Fingerbreit über dem inneren Knöchel liegt. Er könnte gereizt sein. Massieren Sie etwa 1 Minute in kleinen Kreisbewegungen. Am anderen Bein wiederholen.

Schnellhilfe durch Reflexzonentherapie der Hand

Ziel
Menstruationsbeschwerden lindern

Häufigkeit
Mehrmals täglich

Gegenanzeigen
Nicht bekannt

Auch hilfreich für
Gehirn und Hirnanhangdrüse

Diese Technik können Sie jederzeit und überall anwenden.

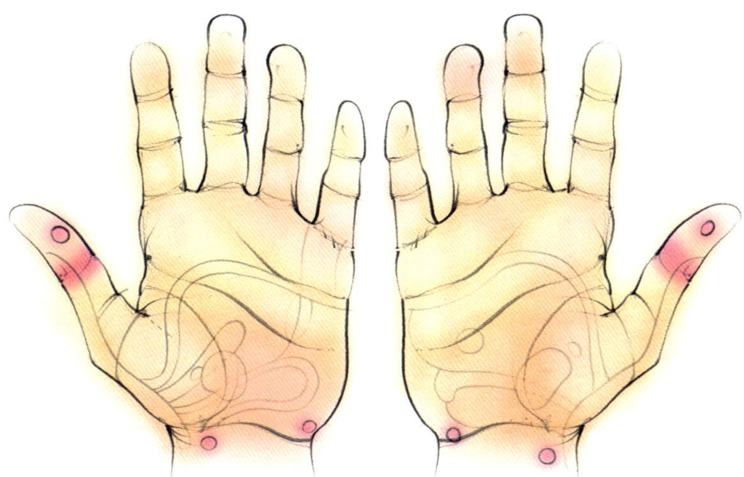

Mit der Kneiftechnik (siehe S. 21) arbeiten Sie auf dem ersten Glied beider Daumen (rechts). Stimulieren Sie etwa 1 Minute lang auch das Daumengelenk.

Geistige Klarheit

Wenn der Hals steif und verspannt ist, wird der Blutfluss ins Gehirn behindert, was zu geistiger Müdigkeit führen kann. Die meisten Menschen nehmen eine schlechte Haltung ein, wenn sie geistig konzentriert arbeiten. Sitzt man aber zusammengesunken oder ohne den richtigen Halt für den unteren Rücken stundenlang am Computer, kann das die Verspannungen in Hals, Schultern und Hinterkopf noch verstärken. Eine Schultermassage und die richtige Sitzposition vertreiben die geistige Müdigkeit und Benommenheit. Probieren Sie folgende Selbsthilfetechniken aus.

Hilfe durch Selbstmassage

Ziel
Verbesserung der geistigen Klarheit

Häufigkeit
Mindestens 2-mal täglich während der Arbeitspausen

Gegenanzeigen
Bei schweren Halsverletzungen wie einem Schleudertrauma sollten Sie zuerst Ihren Arzt konsultieren

Querverweis
Kopfschmerzen S. 46, Verspannungen im Nacken S. 66

Auch hilfreich bei
Steifem Nacken und Schultern, Spannungskopfschmerzen

Aromatherapie
Mischen Sie einige Tropfen Grapefruit-, Pfefferminz- und Rosmarinöl mit einem Trägeröl zusammen und verreiben Sie das Öl auf den Händen, bevor Sie mit der Massage beginnen. Diese Öle fördern ebenfalls die geistige Klarheit.

Diese einfachen Übungen dauern nur fünf Minuten und sind eine echte und schnelle Hilfe.

1 Legen Sie sich auf den Boden oder setzen Sie sich auf einen Stuhl. Mit den Fingerspitzen dann die Schläfen in kleinen, langsamen Kreisen etwa 1 Minute lang massieren. Die Richtung wechseln und eine weitere Minute massieren.

2 Die Hände im Nacken verschränken. Die Handflächen zusammen- und gegeneinander drücken. Direkt unter dem Schädel anfangen und dann auf diese Weise 1 Minute lang bis zu den Schultern nach unten arbeiten.

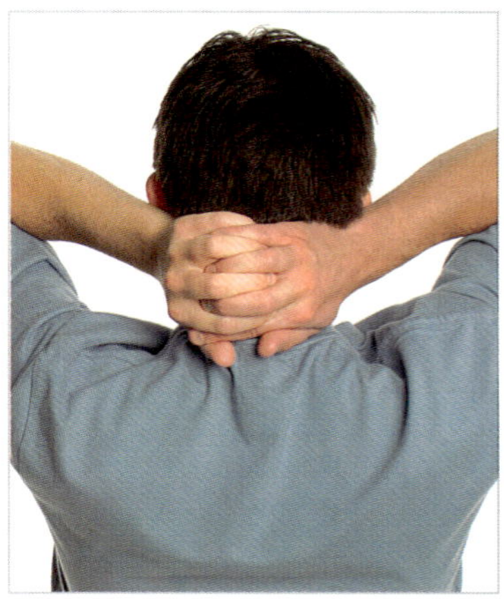

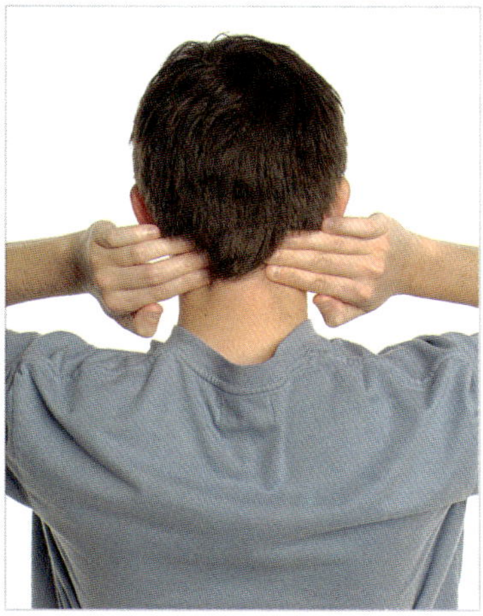

3 *Dann mit den Fingerspitzen die Nackenmuskeln auf beiden Seiten der Wirbelsäule kreisförmig reibend massieren. 1–2 Minuten von der Schädelbasis bis zu den Schultern hinunterarbeiten.*

4 *Legen Sie die rechte Hand auf die linke Schulter. Den rechten Ellbogen mit der linken Hand unterstützen. Die Schulter 2 Minuten lang kneten und kreisförmig reiben. Achten Sie auf Knoten.*

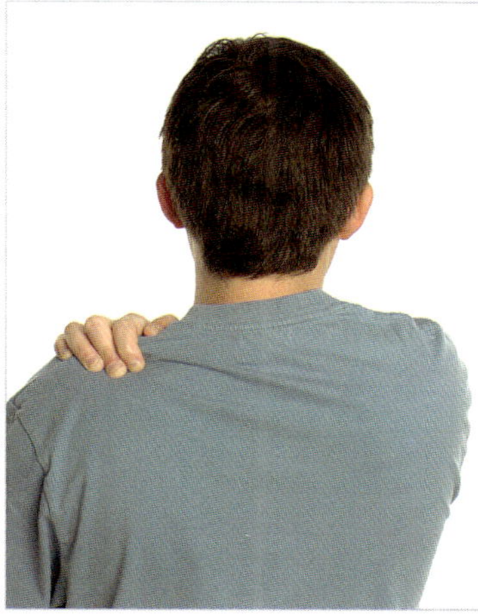

Schnellhilfe durch Akupressur

Ziel
Geistige Klarheit fördern

Häufigkeit
Mehrmals täglich

Gegenanzeigen
Nicht bekannt

Querverweis
Überanstrengte Augen S. 42, Kopfschmerzen S. 46

Auch hilfreich bei
Spannungskopfschmerzen, Vergesslichkeit, Schmerzen, die die Konzentration stören, Schwindel, Erkältung, Sinusitis, geschwollenen Augen

Die heilende Eigenschaft dieses Akupunktur-Punktes benennt schon der Name „Tor des Bewusstseins". Die meisten Anwendungen hier beziehen sich direkt auf die Gehirnfunktionen.

1 *Setzen Sie sich auf einen Stuhl mit gerader Lehne. Die Daumen hinter den Ohren auf beiden Seiten direkt unter dem Schädel anlegen. Den Kopf nach hinten und gegen die Stuhllehne entspannen. Dann die Daumen Richtung Hinterkopf hochgleiten lassen und anhalten, bevor Sie zu einem dicken Muskelband kommen – das ist der Punkt. Die Daumen sind etwa 5–7,5 cm voneinander entfernt. 1 Minute massieren. Die Massage können Sie auch im Liegen ausführen.*

Schnellhilfe durch Reflexzonentherapie

Ziel
Geistige Klarheit fördern

Häufigkeit
Mehrmals täglich

Gegenanzeigen
Nicht bekannt

Querverweis
Kopfschmerzen S. 46

Auch hilfreich bei
Schwindel, Ohnmacht, Fieber

Das Stimulieren der Reflexzone für das Gehirn vertreibt die geistige Müdigkeit. Diese großartige Technik können Sie überall anwenden, während eines Geschäftstreffens, im Flugzeug oder an jedem anderen Ort, immer wenn Sie gerade eine schnelle Erfrischung brauchen.

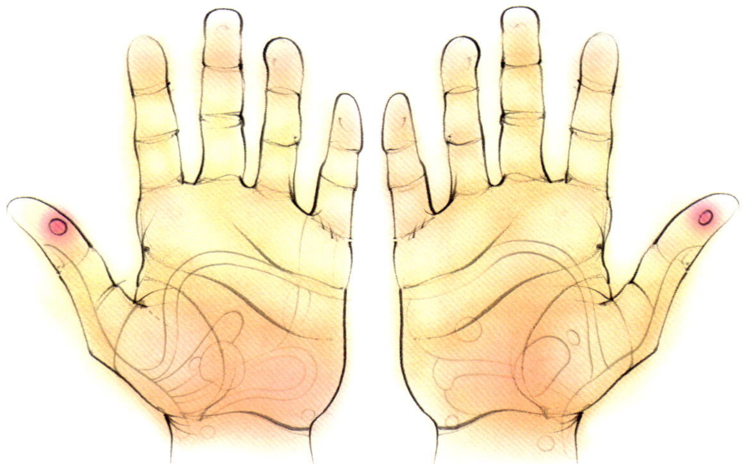

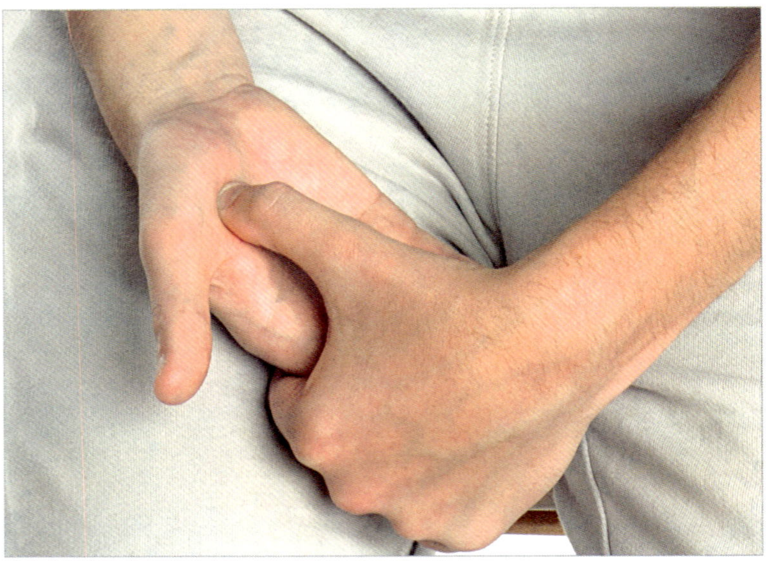

Massieren Sie etwa 2 Minuten das Zentrum des Daumenballens mit der Technik des Kneifens und des Rotierens auf einem Punkt (siehe S. 20–21). Auf der anderen Hand wiederholen.

Muskelkrampf

Muskeln können sich verkrampfen, wenn sie überbeansprucht werden, darunter leiden vor allem Sportler recht häufig. Bei solch einem Krampf reicht oft eine einfache Massage des Muskels und das Dehnen der gesamten Region. Krämpfe treten auch auf, weil die Ernährung zu wenig Mineralien enthält. Wenn Sie häufig darunter leiden, sollten Sie einen Arzt aufsuchen. Folgende Selbstmassagetechniken bringen bei gelegentlichen Muskelkrämpfen Besserung.

Selbsthilfe durch Akupressur bei Muskelkrämpfen

Ziel
Den Muskelkrampf lösen

Häufigkeit
Immer, wenn ein Krampf auftaucht

Gegenanzeigen
Nicht bekannt

Auch hilfreich bei
Kopfschmerzen, Allergien, Arthritis, überanstrengten Augen

Der Akupunktur-Punkt Leber 3 empfiehlt sich bei Muskelkrämpfen im Allgemeinen, besonders aber bei Krämpfen im Fuß.

Legen Sie den rechten Fuß auf den linken Oberschenkel. Mit dem linken Zeige- und Mittelfinger massieren Sie etwa 1 Minute lang den Bereich, in dem die Knochen des großen und zweiten Zehs aufeinander treffen. Der Punkt lässt sich durch seine Empfindlichkeit gut finden. Links wiederholen.

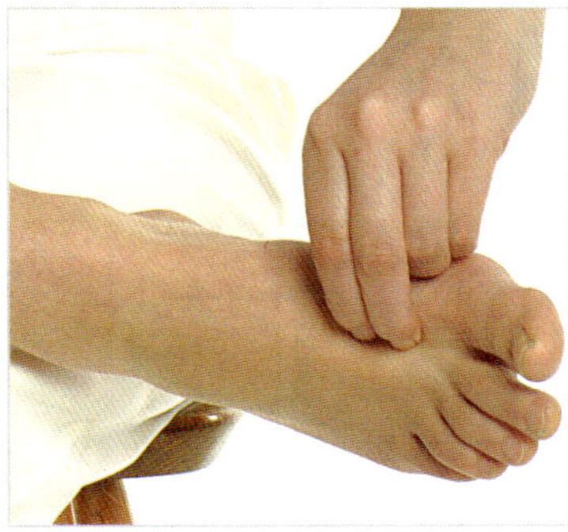

Selbsthilfe durch Akupressur bei Beinkrämpfen

Ziel
Krämpfe in den Wadenmuskeln lösen

Häufigkeit
Immer, wenn ein Krampf eintritt

Gegenanzeigen
Nicht bekannt

Querverweis
Schmerzen im Rücken S. 56

Auch hilfreich bei
Rückenschmerzen und Ischias

Die Massage des Punktes Blase 57 kann einen Krampf in den Wadenmuskeln lösen. Auch wenn der Krampf nur in einem Bein auftritt, sollte man den Punkt an beiden Körperseiten stimulieren.

Um Blase 57 zu finden, rutschen Sie mit dem Daumen auf der Mitte des Wadenmuskels ganz gerade hinunter, bis Sie am Muskelansatz angekommen sind. Das ist der Punkt. Mit Ihrem Daumen massieren Sie den Punkt, bis sich der Krampf löst. An der anderen Wade wiederholen.

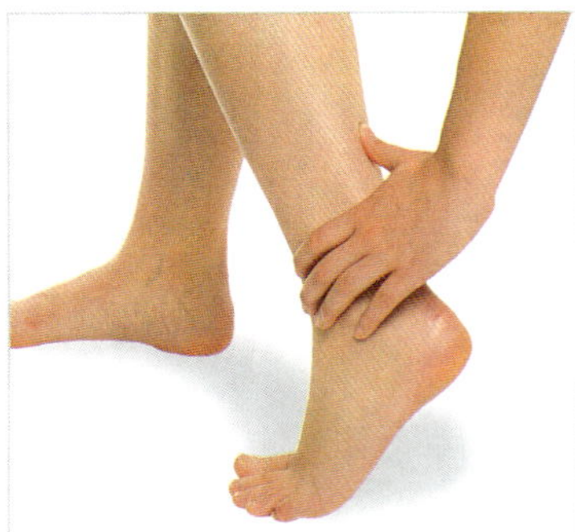

Verspannungen im Nacken

Verspannungen in Nacken und Schultern sind eine traurige Begleiterscheinung unseres modernen Lebens. In den zehn Jahren, in denen ich als Massagetherapeutin arbeite, haben fast alle Patienten früher oder später über schmerzende Schultern und/oder einen steifen Nacken geklagt. Ursache ist eine oft falsche Körperhaltung – besonders am Schreibtisch, am Computer, vor dem Fernseher oder im Auto. Zusätzlich kann auch eine schlechte Verdauung die Ursache sein, denn zwei wichtige Meridiane, der Gallenblasen- und der Dünndarm-Meridian, verlaufen über die Schultern- und Nackenregion. Wenn Sie Ihre Ernährung umstellen, Fett und Salz reduzieren, dazu langsam und entspannt essen, lassen häufig auch die Verspannungen nach.

Hilfe durch Selbstmassage

Ziel
Verspannungen in Nacken und Schultern lösen

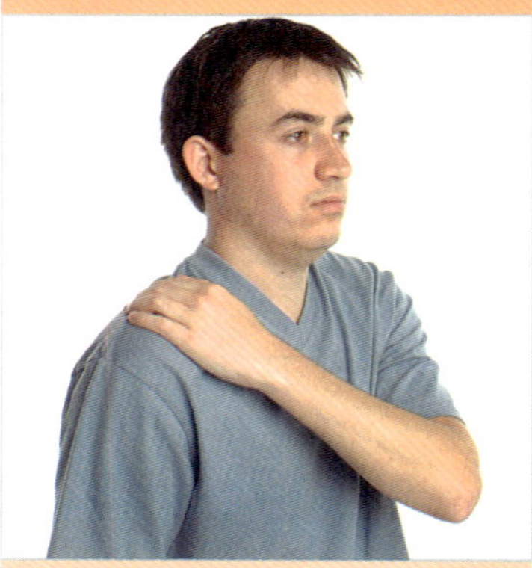

Häufigkeit
1–2-mal bei chronischen Beschwerden, öfter bei akuten

Gegenanzeigen
Nicht bekannt

Querverweis
Kopfschmerzen S. 46

Auch hilfreich bei
Spannungskopfschmerzen

Diese kurze Behandlung können Sie jederzeit auch am Schreibtisch durchführen.

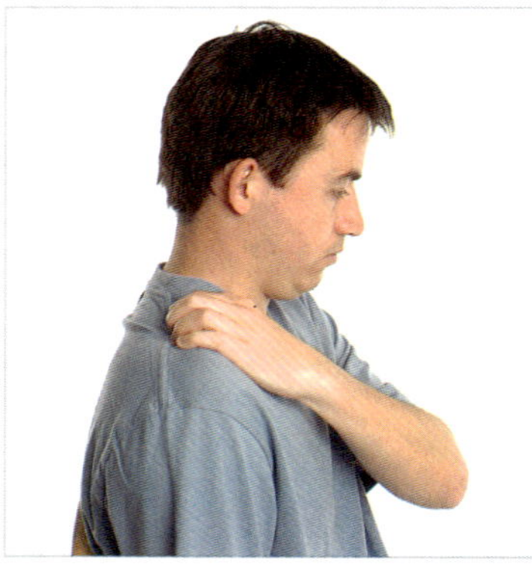

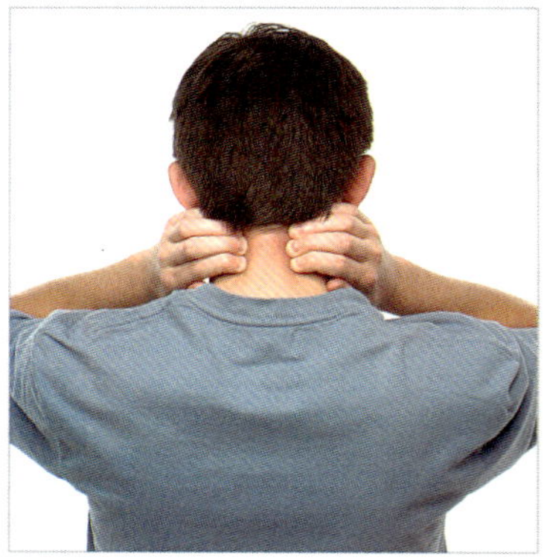

1 *Machen Sie mit der linken Hand eine lockere Faust. Wenn nötig unterstützen Sie den linken Ellbogen mit der rechten Hand. Dann den Kopf leicht nach links neigen und mit der Faust (so fest Sie mögen) auf das harte Muskelband klopfen, das auf der Schulter zum Nacken hin verläuft. Etwa 1 Minute fortfahren, dann die Seiten wechseln.*

2 *Die gleiche Region jetzt mit der linken Hand pressen. Mit der Hand von den Schultern zum Nacken hochrutschen und auch dort 1 Minute pressen. Auf der anderen Seite wiederholen.*

3 *Mit den Fingerspitzen die Nackenmuskeln auf beiden Seiten der Wirbelsäule in kleinen, kreisförmigen Bewegungen 1–2 Minuten massieren, von der Schädelbasis bis zu den Schultern hinunter.*

Schnellhilfe durch Reflexzonentherapie

ZIEL
Verspannungen in Nacken und Schultern lösen

HÄUFIGKEIT
Mehrmals täglich

GEGENANZEIGEN
Nicht bekannt

QUERVERWEIS
Stress S. 74

AUCH HILFREICH BEI
Allgemeinen Spannungen, Geschwüren, Schleudertrauma, Kopfschmerzen, Erschöpfung

Diese Technik ist ganz einfach. Auch wenn Sie zu müde sind oder die Schultern zu sehr schmerzen, um den Nacken oder die Schultern zu massieren, können Sie noch die Reflexzonen an den Händen stimulieren.

I Kneifen Sie die Regionen zwischen den Fingern, danach gehen Sie im Daumengang vom Daumenansatz bis auf die Handfläche. Etwa 2 Minuten fortfahren und dann die andere Hand stimulieren.

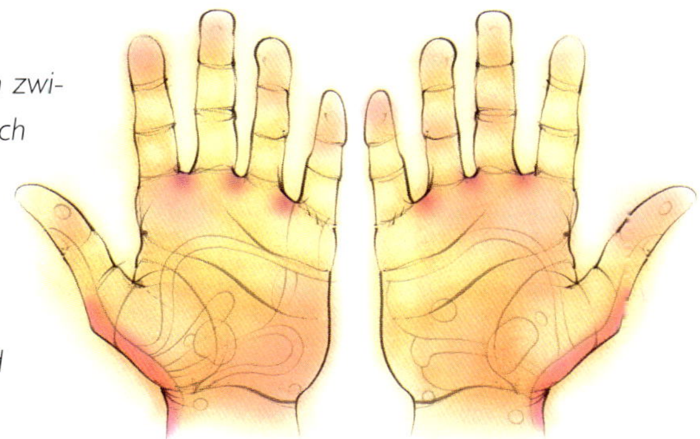

Selbsthilfe durch Triggerpunkte

ZIEL
Verspannungen in Nacken und Schultern lösen

HÄUFIGKEIT
2-mal täglich oder öfter

GEGENANZEIGEN
Nicht bekannt

QUERVERWEIS
Kopfschmerzen S. 46

AUCH HILFREICH BEI
Kopfschmerzen, Kiefernschmerzen

Die meisten Menschen spüren früher oder später eine Verspannung an den zwei Triggerpunkten des Trapezmuskels, die wiederum häufig Verspannungen auf Schultern, Nacken und zwischen Schulterblättern und Wirbelsäule verursachen. Eine einfache Selbstmassage bringt Linderung. Die Triggerpunkt-Therapie sollten Sie eine Woche oder länger täglich wiederholen.

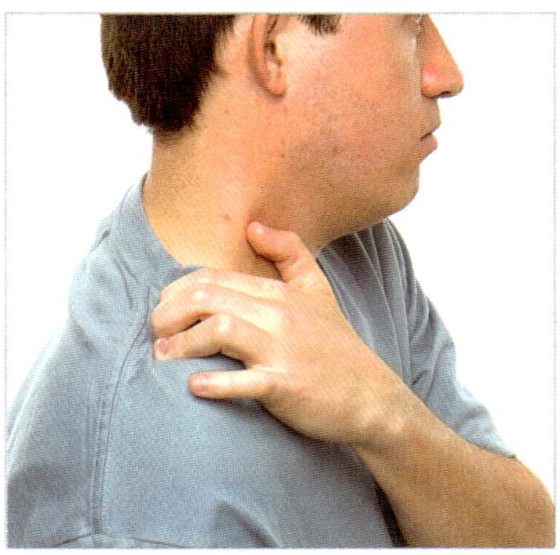

I Suchen Sie die dicke Muskelrolle auf der gegenüberliegenden Schulter. Suchen Sie mit den Fingern die schmerzhafteste Stelle – das ist der Triggerpunkt. Er liegt nicht sehr tief und kann sich so dick anfühlen wie ein Bleistift. Massieren Sie diesen Punkt mit den Fingerspitzen etwa 2 Minuten. Auf der anderen Seite wiederholen.

2 Legen Sie sich auf den Boden. Ein Tennisball kommt unter den Rücken zwischen Schulterblätter und Wirbelsäule. Bewegen Sie das Schulterblatt über den Ball, bis Sie die schmerzhafteste Region gefunden haben. Massieren Sie durch Hin- und Herrollen 2 Minuten. Auf der anderen Seite wiederholen.

Schwangerschaftsbeschwerden

Eine Selbstmassage kann bei den unterschiedlichsten Schwangerschaftsbeschwerden hilfreich und erholsam sein, von Übelkeit und Sodbrennen bis hin zu Schmerzen in Füßen und Rücken. Am besten lässt man sich vom Partner oder einem Profi massieren, aber auch diese Selbsthilfetechniken bringen große Erleichterung.

Selbsthilfe durch Aromamassage

Ziel
Schmerzende Füße, Erschöpfung, allgemeines Unwohlsein lindern

Häufigkeit
1-mal täglich, am besten abends

Mischen Sie ein ätherisches Öl wie Lavendel, Eukalyptus, Orange oder Rose mit einigen Löffeln reinem Sesam-, Mandel- oder Sonnenblumenöl. Lavendelöl ist sehr gut, denn es hat eine entspannende und schmerzstillende Wirkung. Eukalyptus oder Orange sollten Sie nehmen, wenn Sie eine kleine Aufmunterung brauchen und Rose, wenn Sie gerade traurig sind.

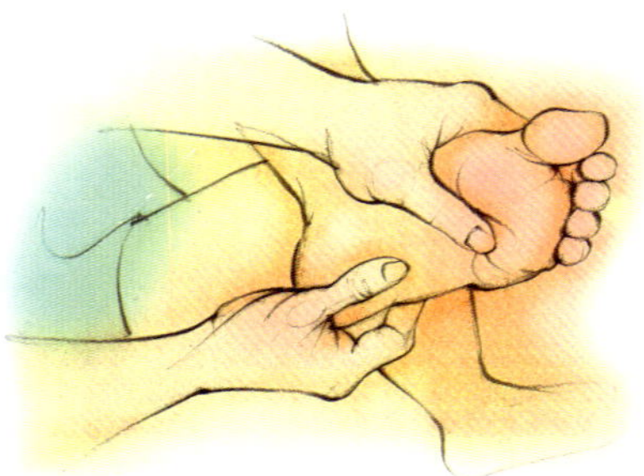

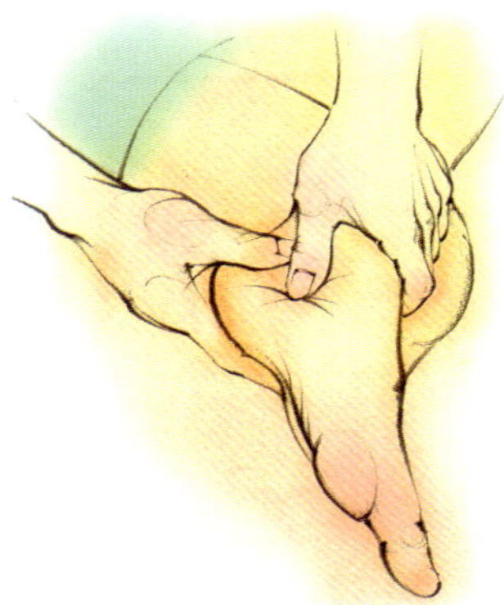

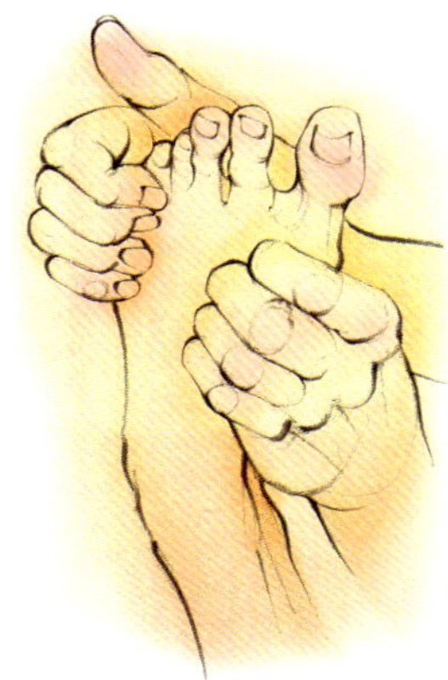

Gegenanzeigen
Verweilen Sie nicht zu lange beim kleinen Zeh oder direkt über dem inneren Knöchel, denn diese Punkte können Wehen auslösen. Während der ersten vier Schwangerschaftsmonate kein Rosenöl verwenden

Querverweis
Müde Füße S. 80

1 *Nachdem Sie die Füße einige Minuten in heißem Wasser eingeweicht haben, setzen Sie sich auf einen bequemen Stuhl. Breiten Sie ein Handtuch auf Ihrem Oberschenkel aus und legen Sie den gegenüberliegenden Fuß auf den Schenkel. Dann verreiben Sie etwa 1 Löffel der Ölmischung mit langsamen Daumenstreichungen auf dem Fuß.*

2 *Achten Sie besonders auf die Innenseite der Fersen und die Regionen unter und seitlich des Knöchels. Jeden Zeh massieren.*

3 *Massieren Sie die Oberseite des Fußes mit den Fingern, streichen Sie zwischen den Knochen. Jeden Fuß 5 Minuten massieren und anschließend die Füße hochlegen (sie sollten warm bleiben) und entspannen.*

Selbsthilfe durch Akupressur

ZIEL
Übelkeit lindern

HÄUFIGKEIT
Immer, wenn die Übelkeit auftritt

GEGENANZEIGEN
Nicht bekannt

QUERVERWEIS
Nebenhöhlen-Verstopfung S. 70

AUCH HILFREICH BEI
Schlaflosigkeit, Herzrasen, Epilepsie, Reisekrankheit

Dieser Akupunktur-Punkt ist bekannt für seine Wirkung bei Übelkeit und Erbrechen. Er kann während der gesamten Schwangerschaft stimuliert werden. Hilft auch bei Reisekrankheit.

1 Suchen Sie den Punkt Herzbeutel 6, der sich 2 1/2 Fingerbreit über der Handgelenkfalte zwischen den Unterarmsehnen befindet. Den Punkt fest mit dem Daumen pressen und etwa 5–10 langsame Atemzüge halten. Auf der anderen Seite wiederholen. Abwechselnd drücken, bis die Übelkeit verschwindet.

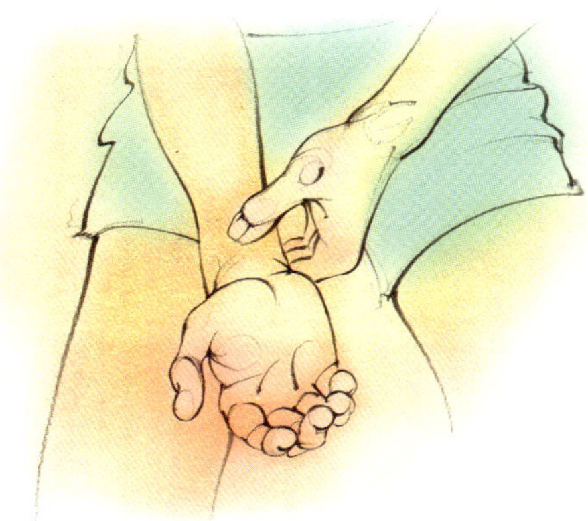

Hilfe durch Selbstmassage bei Sodbrennen

ZIEL
Sodbrennen unterdrücken

HÄUFIGKEIT
Immer, wenn Sodbrennen auftritt; gegen Ende der Schwangerschaft vorbeugend massieren

GEGENANZEIGEN
Nicht bekannt

QUERVERWEIS
Geistige Klarheit S. 62, Stress S. 74

AUCH HILFREICH ZUR
Beruhigung des Geistes

Diese Massage können Sie durch die Kleidung ausführen. Sie funktioniert am besten in Kombination mit anderen Therapien, etwa, wenn Sie Kalzium oder Verdauungsenzyme einnehmen.

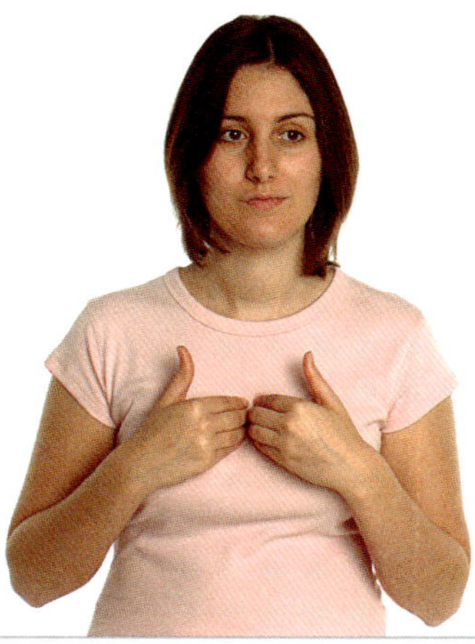

1 Mit den Fingerspitzen 1 Minute lang über das Brustbein streichen. Bei der Kerbe der Schlüsselbeine beginnen und in Richtung Bauch streichen.

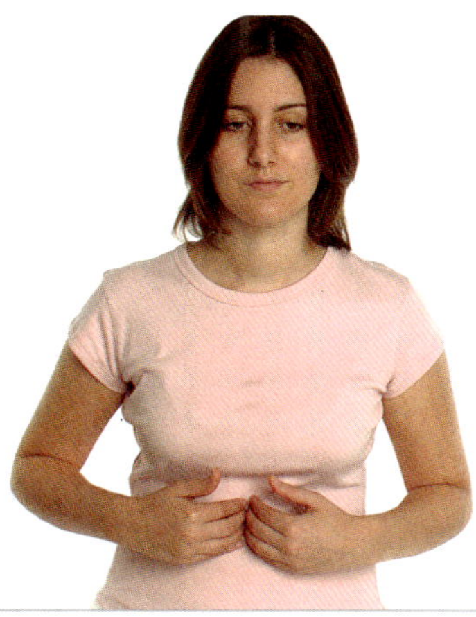

2 Dann die Finger über den oberen Teil des Bauches gleiten lassen. In den letzten 3 Schwangerschaftsmonaten nur sehr leichten Druck anwenden.

Nebenhöhlen-Verstopfung

Die Nasennebenhöhlen können durch Allergien oder Erkältungen gereizt werden. Da diese Beschwerden jedoch auch ein Hinweis auf eine schwerwiegendere Krankheit sein können, sollten sie von einem Arzt untersucht werden. Die Selbstmassage unterstützt die ärztlichen Therapien.

Selbsthilfe durch Akupressur

Ziel
Verstopfung und Schmerzen einer Sinusitis (Nasennebenhöhlen-Entzündung) lindern

Häufigkeit
Mehrmals täglich

Gegenanzeigen
Nicht bekannt

Querverweis
Überanstrengte Augen S. 42, Verspannungen im Nacken S. 66

Ebenfalls hilfreich
Ma 3 – Augenreizung, Sinusitis-Kopfschmerzen, Gesichtsschmerzen
BL 10 Kopfschmerzen, steifer Hals

Diese zwei Akupunktur-Punkte lösen die Verstopfung der Nase und Nebenhöhlen und können jederzeit stimuliert werden.

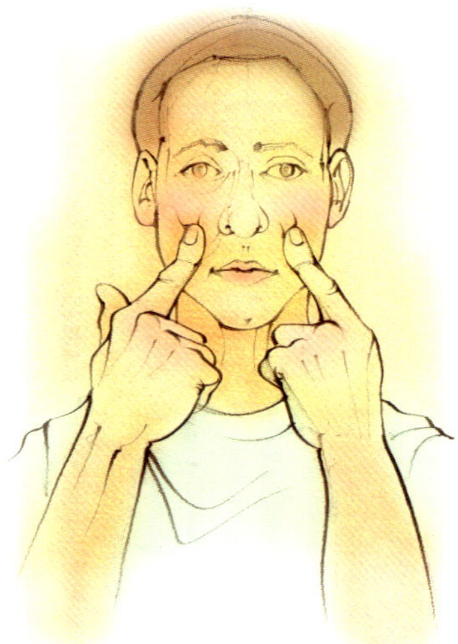

1 *Suchen Sie Magen 3, indem Sie beide Zeigefinger unter die Wangenknochen legen und auf den Knochen hin- und herreiben, bis Sie eine leichte Vertiefung erspüren – das ist der Punkt. Die Seite, die stärker verstopft ist, wird etwas stärker schmerzen.*

2 *Halten Sie den Punkt mit festem Druck auf beiden Seiten und atmen Sie 10-mal tief ein und aus.*

3 *Dann suchen Sie Blase 10, indem Sie die Daumen an der Schädelbasis auf die Muskeln seitlich der Wirbelsäule legen. Der Akupunktur-Punkt befindet sich direkt auf dem Muskelband. Den Kopf leicht nach vorne neigen und die Region mit langsamen, tiefen Kreisbewegungen der Daumen massieren. Auch wenn Sie den Punkt nicht genau treffen, tut die Massage gut und löst die Verstopfung. Etwa 2 Minuten lang massieren.*

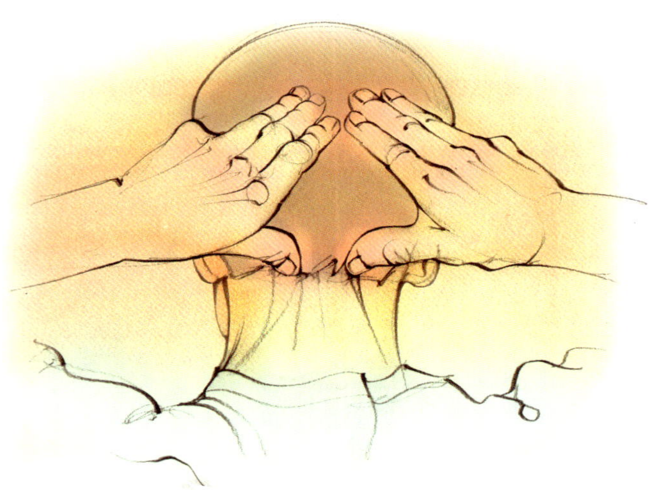

Selbsthilfe durch Reflexzonentherapie

Ziel
Verstopfung und Schmerzen einer Sinusitis lindern

Häufigkeit
2-mal täglich

Gegenanzeigen
Nicht bekannt

Auch hilfreich bei
Gesichtsschmerzen

Durch die Massage der Reflexzonen an beiden Händen und Füßen können die Nasennebenhöhlen beruhigt werden. Die Behandlung der Füße ist am wirksamsten, doch sollte es die Situation nicht erlauben, die Füße zu massieren, sind die Hände ein guter Ersatz.

1 *Mit der Technik Kneifen und Rotieren auf einem Punkt (siehe S. 20–21) massieren Sie die hier gezeigten Reflexzonen der Hände. Jede Fingerkuppe 1 Minute massieren.*

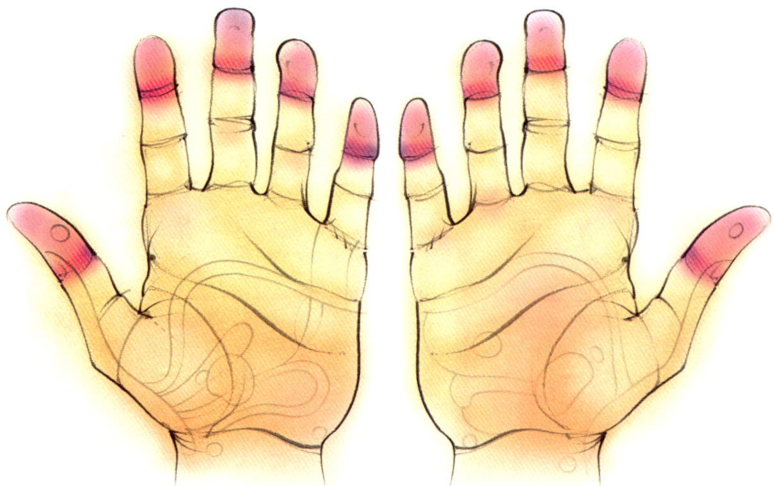

2 *Die Reflexzonen für die Nasennebenhöhlen befinden sich auf den Füßen an den entsprechenden Stellen (rechts). Wiederholen Sie die Technik Kneifen und Rotieren auf einem Punkt an den Füßen.*

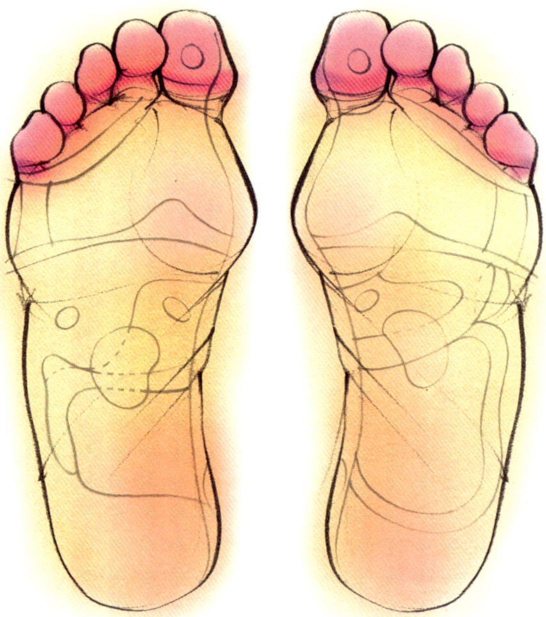

Schlaflosigkeit

Jeder Mensch hat wohl schon einmal unter Schlaflosigkeit gelitten. Die Gründe dafür reichen von zuviel Kaffeegenuss über Ängstlichkeit bis hin zu mangelnder Bewegung. Aber auch Jetlag, Nebenwirkungen von Medikamenten oder Rückenschmerzen können zu Schlaflosigkeit führen. Wenn Sie unter chronischer Schlaflosigkeit leiden, sollten Sie allerdings Ihren Arzt um eine Therapie bitten. Falls Sie aber nur gelegentlich nicht schlafen können, sorgt diese Selbstmassage für Entspannung und für eine gute Nachtruhe.

Selbsthilfe durch Akupressur

Ziel
Schlaf finden

Häufigkeit
So oft wie nötig

Gegenanzeigen
Nicht bekannt

Querverweis
Überanstrengte Augen S. 42,
Menstruationsbeschwerden S. 60

Ebenfalls hilfreich
BL 62 – überanstrengte Augen, epileptische Anfälle nachts
Ni 6 – unregelmäßige Menstruation, Uterusvorfall

Diese Massage können Sie vor dem Zu-Bett-Gehen durchführen oder wenn Sie mitten in der Nacht aufwachen und nicht wieder einschlafen können.

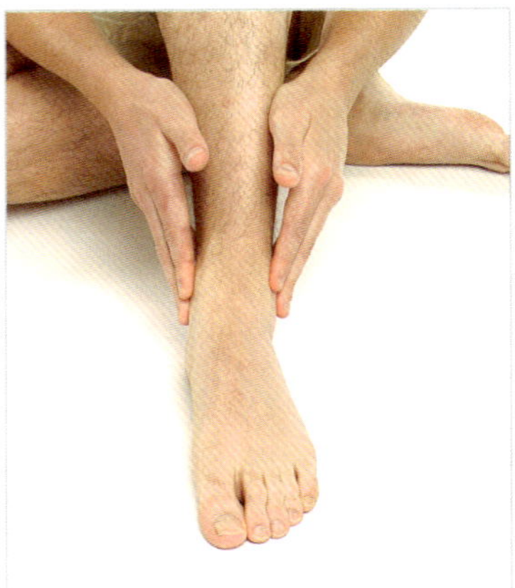

1 *Suchen Sie Blase 62, der sich an der Außenseite des Knöchels befindet, eine Daumenbreite unter der Erhöhung des Knöchels. Niere 6 liegt direkt gegenüber von Blase 62 auf der Innenseite des Knöchels.*

2 *Mit den Fingerspitzen beider Hände diese Punkte mit langsamen Kreisbewegungen etwa 2 Minuten massieren, am anderen Knöchel wiederholen.*

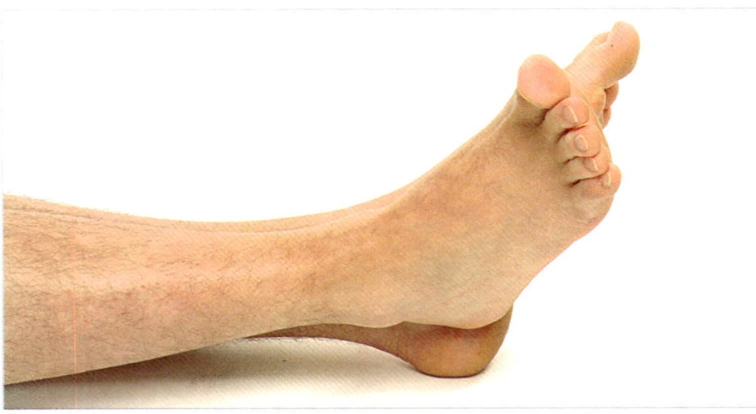

3 *Falls Sie schon im Bett liegen und nicht mehr aufsitzen möchten, können Sie mit der einen Ferse die Region unter dem inneren Knöchel des anderen Fußes massieren. Etwa 2 Minuten auf beiden Seiten durchführen und dann entspannen. Wenn nötig, wiederholen.*

Selbsthilfe durch Reflexzonentherapie

ZIEL
Körper und Geist entspannen, um leichter einzuschlafen

HÄUFIGKEIT
So lange, bis Sie einschlafen

GEGENANZEIGEN
Nicht bekannt

AUCH HILFREICH BEI
Sinusitis, Kopfschmerzen, Blutzuckerproblemen

Mit der Technik Kneifen und Rotieren auf einem Punkt (siehe S. 20–21) massieren Sie die hier gezeigten Reflexzonen. Jede Fingerkuppe etwa 1 Minute behandeln.

Die Reflexzonen an den Händen helfen ebenfalls bei der Behandlung von Schlaflosigkeit – sie können im Liegen massiert werden.

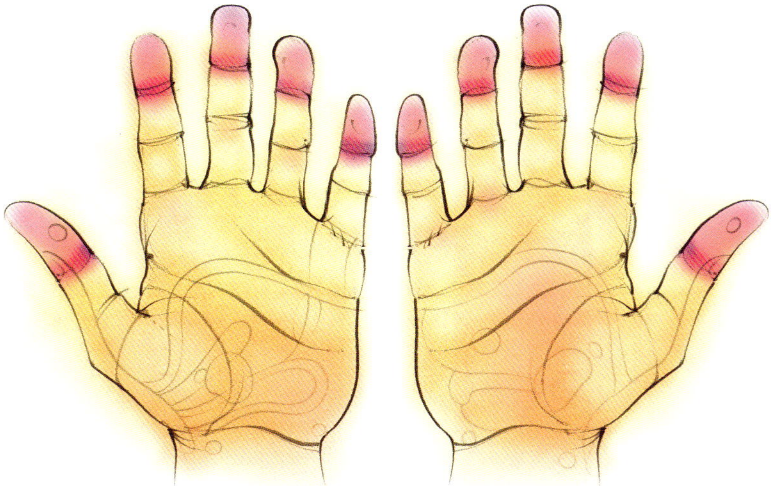

Hilfe durch Meditation

ZIEL
Schlaf finden

HÄUFIGKEIT
Täglich

GEGENANZEIGEN
Nicht bekannt

AUCH HILFREICH BEI
Allgemeiner Ängstlichkeit, Anspannung

Probieren Sie diese einfache Meditationstechnik aus:

1. Bequem auf dem Rücken oder seitlich liegen.
2. Die Augen schließen und tief durch die Nase atmen. Konzentrieren Sie sich darauf, wie der Atem durch die Nase eintritt und wieder austritt.
3. Jetzt stellen Sie sich Ihre Füße vor und sagen zu sich selbst bei der Einatmung: „Meine Füße sind schwer." Bei der Ausatmung sagen Sie sich: „Meine Füße sind entspannt." Diesen Satz 3-mal mit der Atmung wiederholen. Spüren Sie, wie die Füße warm werden und sich entspannen.
4. Stellen Sie sich die Knöchel vor. Mit der Einatmung wiederholen Sie: „Meine Knöchel sind schwer" und mit der Ausatmung: „Meine Knöchel sind entspannt." Spüren Sie, wie das Gefühl der Entspannung von den Füßen in die Knöchel strömt. 3-mal wiederholen.
5. Diese Meditation für jeden Teil Ihres Körper bis zum Kopf wiederholen, bis Sie eingeschlafen sind.

Stress

In unserer schnelllebigen Welt ist es schwierig, jemanden zu finden, der nicht ab und zu gestresst ist. Wenn Sie unter Stress leiden, ist es am besten, eine kurze Pause einzulegen und sich massieren zu lassen. Stressabbau ist eine der wichtigsten Wirkungen aller Massagetherapien. Eine professionelle Massage wäre natürlich wunderbar, aber auch eine Selbstmassage kann helfen. Probieren Sie eine der folgenden Techniken aus und schauen Sie, welche bei Ihnen am besten funktioniert.

Selbsthilfe durch Indische Kopfmassage

Ziel
Stress und Anspannung abbauen

Häufigkeit
Täglich

Gegenanzeigen
Nicht bekannt

Querverweise
Energieverstärker S. 40,
Überanstrengte Augen S. 42,
Kopfschmerzen S. 46

Auch hilfreich bei
Kopfschmerzen, Erschöpfung, müden Augen

Die Indische Kopfmassage wird seit Jahrhunderten bei Stress und Anspannung eingesetzt. Für diese Handgriffe brauchen Sie nur fünf Minuten.

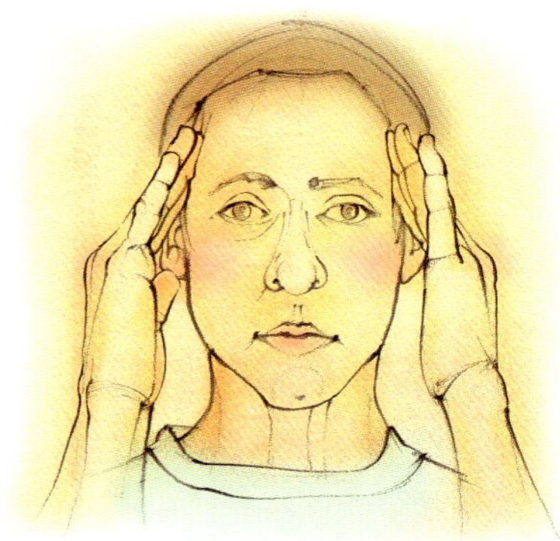

1 *Legen Sie sich hin oder setzen Sie sich auf einen Stuhl. Mit den Fingerspitzen die Schläfen in kleinen, langsamen Kreisen etwa 1 Minute lang massieren.*

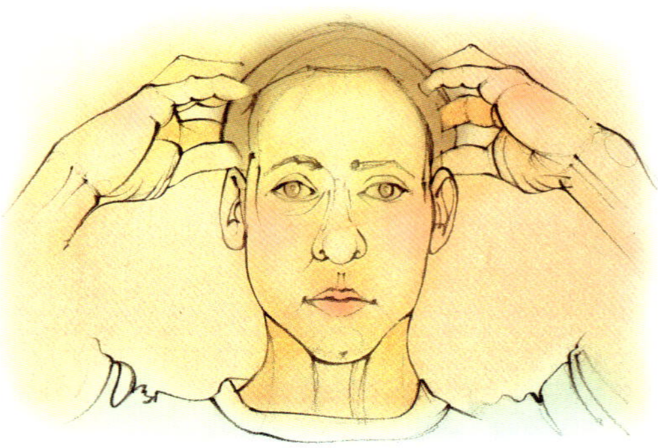

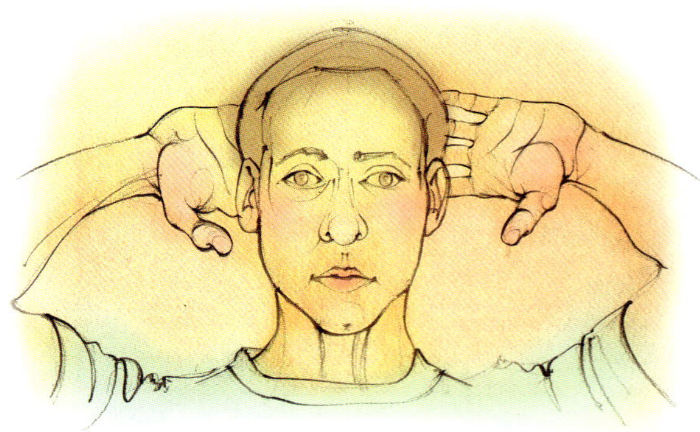

2 *Danach „waschen" Sie sich den Kopf. Direkt hinter den Schläfen beginnen und in kleinen Kreisen Richtung Hinterkopf reiben. Die ganze Kopfhaut mindestens 1 Minute lang massieren.*

3 *Zum Schluss „kämmen" Sie Ihre Kopfhaut mit den Fingerspitzen über den Scheitel bis zu den Ohren und dann den Nacken hinunter bis zu den Schultern. Diese Streichbewegungen etwa 10-mal wiederholen.*

Schnellhilfe durch Reflexzonentherapie

ZIEL
Stress abbauen

HÄUFIGKEIT
Mehrmals täglich

GEGENANZEIGEN
Nicht bekannt

QUERVERWEIS
Energieverstärker S. 40

AUCH HILFREICH BEI
Erschöpfung

Diese Massage können Sie durchführen, wenn Sie stark unter Stress stehen und für eine längere Behandlung keine Zeit haben. Das Gute an der Reflexzonenmassage der Hand ist, dass man sie machen kann, ohne dass andere Leute zum Beispiel bei einer Geschäftsbesprechung oder auf dem Weg zur Arbeit etwas davon bemerken.

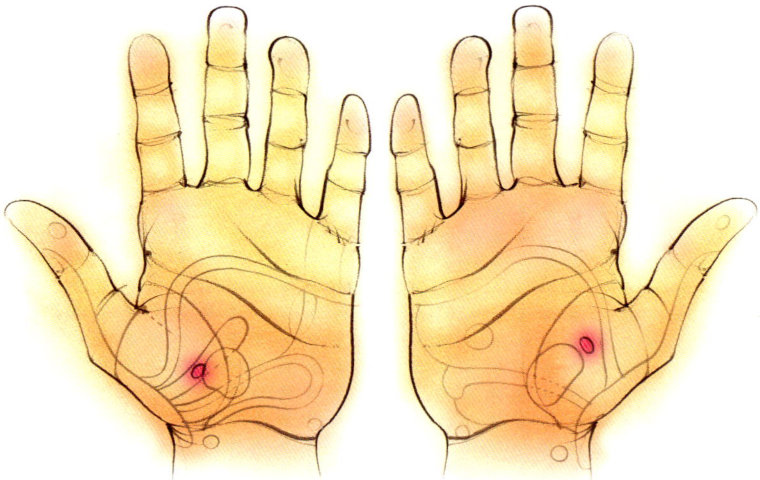

1 *Mit der Technik des Kneifens und Rotierens auf einem Punkt (siehe S. 20–21) massieren Sie die oben gezeigte Reflexzone. Beide Hände 5 Minuten behandeln.*

2 *Sie können aber auch eine kleine Murmel oder einen kleinen harten Ball zwischen die Handflächen pressen und die Murmel dann auf dem inneren Teil der Handfläche hin- und herrollen.*

Hilfe durch Meditation

Ziel
Stress abbauen

Häufigkeit
2-mal täglich oder öfter

Gegenanzeigen
Nicht bekannt

Auch hilfreich bei
Schlafstörungen, Ängstlichkeit

Meditation ist ein bekanntes und bewährtes Mittel gegen Stress. Das Wichtige bei der Meditation ist, den Geist zu konzentrieren; d.h. der Geist wird so lange von der Stressursache abgelenkt, bis man das Gefühl hat, sie bewältigen zu können. In den letzten Jahren wurde gerade auf dem Gebiet der Meditation sehr viel geforscht – dabei wurde bestätigt, dass Meditation Stress abbaut und die allgemeine Heilung vorantreibt. Hier ist eine kurze Meditation, die Ihnen hilft, mit Stress besser umzugehen.

1. Setzen Sie sich bequem hin – entweder mit gekreuzten Beinen auf den Boden oder auf einen Stuhl.
2. Die Augen schließen und langsam durch die Nase atmen. Konzentrieren Sie sich auf den Atem, der durch die Nase herein- und wieder hinausströmt. Zählen Sie langsam von 10 bis 1. Sie sollten die Zahlen auch im Kopf visualisieren, dadurch können Sie sich noch besser auf die Atmung konzentrieren und andere Gedanken loslassen.
3. Wenn Sie bei 1 angelangt sind, fangen Sie wieder von vorne an. Das wiederholen Sie noch einige Male, bevor Sie zum nächsten Schritt gehen.
4. Konzentrieren Sie sich auf die Brustmitte. Stellen Sie sich in diesem Teil Ihres Körpers Wärme und Liebe vor. Während der nächsten Atemzüge lassen Sie dieses Gefühl der Wärme und Liebe von Ihrem Herzen ausströmen, bis Sie spüren, dass der ganze Körper davon sanft durchdrungen wird. Wenn Ihr Geist wandert, holen Sie ihn langsam zurück zur Brustmitte. Falls Gedanken an den Stress hochkommen, stellen Sie sich vor, dass Sie diese Gedanken in die warme, heilende Energie Ihres Herzens einhüllen, bis Sie spüren, dass sie sich aufgelöst haben. Machen Sie mindestens 10 Minuten weiter und kommen Sie immer auf diese Meditation zurück, sobald Sie Stress abbauen müssen.

Schwellungen

Wasseransammlungen und Schwellungen (auch bekannt als Ödeme) können einfach nur unangenehm sein, aber auch ein schwerwiegendes Problem darstellen. Schwellungen, die durch Krankheiten der Lunge, Nieren oder des Herzens, durch Diabetes, AIDS oder andere Leiden ausgelöst wurden, müssen natürlich vom Arzt behandelt werden. Eine tiefe, feste Massage der Schwellung sollte im Allgemeinen vermieden werden. Die Lymphdrainage ist jedoch eine spezielle Massagetherapie, die den Lymphfluss anregt, besonders natürlich, wenn sie professionell durchgeführt wird. Aber auch eine einfache Selbstmassage kann schon kleinere Schwellungen auflösen.

Selbsthilfe durch manuelle Lymphdrainage

Ziel
Schwellungen reduzieren

Häufigkeit
2-mal täglich

Gegenanzeigen
Konsultieren Sie Ihren Arzt wegen der Ursachen

Querverweis
Durchblutungsprobleme S. 32, Schmerzen im Knie S. 54, Schwangerschaftsbeschwerden S. 68, Müde Füße S. 80

Die manuelle Lymphdrainage ist eine sehr sanfte Massage, die den Lymphfluss anregt. Wenn sich im weichen Gewebe zu viel Lymphe staut, weil sie nicht abfließen kann, schwillt das Gewebe an. Diese Massage führt die Lymphe zu den Lymphdrüsen zurück, wo sie wieder in den Lymphkreislauf aufgenommen wird – die Schwellung verschwindet.

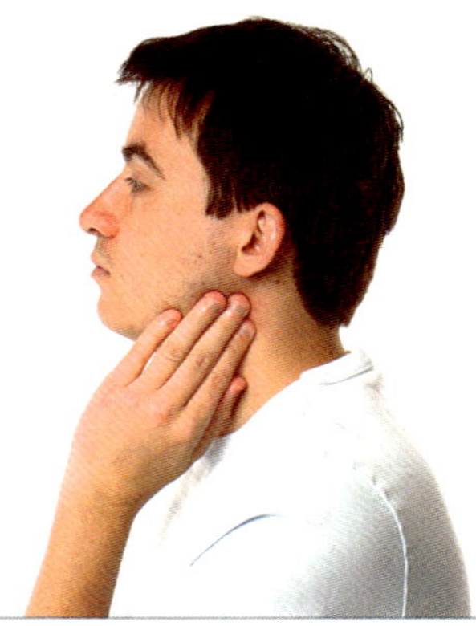

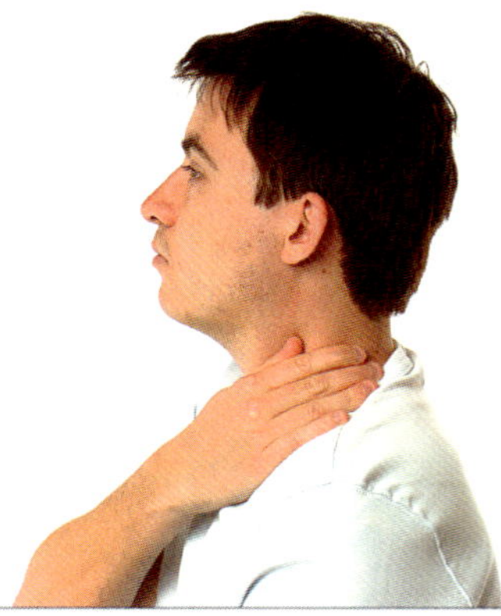

1 *Zuerst behandeln Sie die Halsregion, in der sich viele Lymphknoten befinden. Legen Sie die Hände mit geschlossenen Fingern seitlich auf den Hals, direkt unter die Ohren. Halten Sie die Finger ruhig. Bewegen Sie den ganzen Arm so, dass die Fingerspitzen 5 langsame Kreise unter den Ohren ziehen.*

2 *Dann gleiten Sie etwa 2,5 cm nach unten und wiederholen die Technik. Gleiten Sie mit den Händen noch 1–2-mal weiter, bis Sie auf der Schulter angelangt sind. Wiederholen Sie die ganze Übung noch 3–5-mal.*

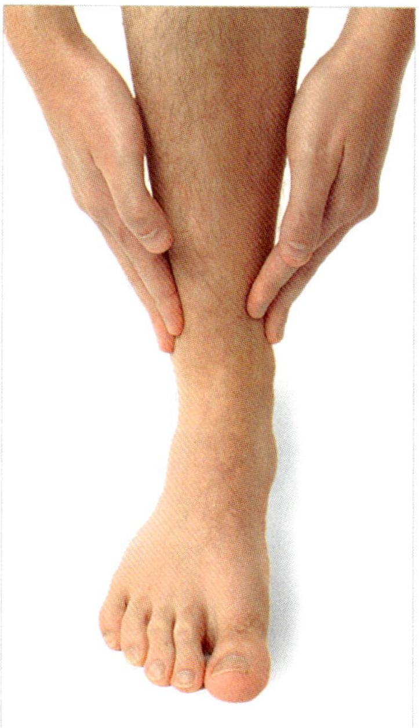

3 Dann behandeln Sie die Region, die geschwollen ist. Wenn es der Arm ist, können Sie nur mit einer Hand arbeiten; an jeder anderen Stelle des Körpers können Sie natürlich mit beiden Händen vorgehen wie bei der Halsmassage.
Massieren Sie die Region mit sanften, langsamen Kreisen in Richtung des Lymphflusses. 3–5-mal wiederholen.

- Bei den Füßen, Knöcheln und Schienbeinen: in Richtung Knie massieren.
- An den Oberschenkeln, im unteren Bauch, Hüften und Gesäß: in Richtung Leiste massieren.
- Am unteren Rücken, an Brust und Armen: in Richtung Achseln massieren.
- Am Hals und Schultern: in Richtung Schlüsselbeine massieren.
- Im Gesicht und auf dem Kopf: in Richtung Kiefer oder Genick massieren.

Schnellhilfe durch Akupressur

ZIEL
Schwellungen im unteren Teil des Körpers abbauen

HÄUFIGKEIT
3-5-mal täglich

GEGENANZEIGEN
Nicht direkt auf geschwollene Regionen drücken

QUERVERWEIS
Schmerzen im Knie S. 54, Menstruationsbeschwerden S. 60

AUCH HILFREICH BEI
Knieschmerzen, Bauchkrämpfen während der Menstruation

Dieser Akupunktur-Punkt ist nützlich bei der Behandlung von Schwellungen in den unteren Beinen und in den Füßen.

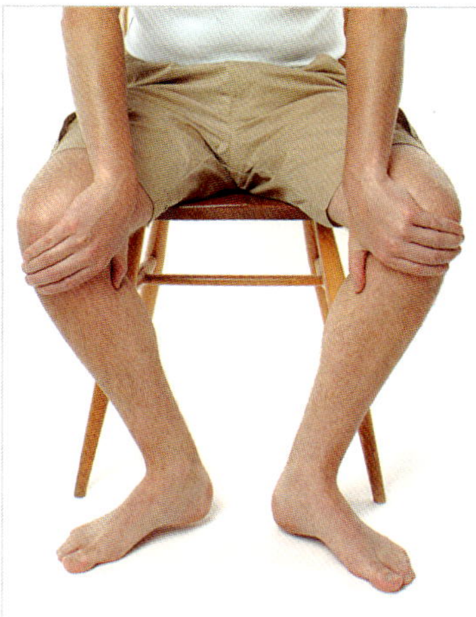

1 Suchen Sie Galle 9, indem Sie mit den Fingern der rechten Hand an der Innenseite des rechten Schienbeins hochrutschen. An der Stelle, an der der Knochen mit dem Knie verbunden ist, spüren Sie eine Kurve. Suchen Sie hier nach einer empfindlichen Stelle direkt unterhalb der Kurve – das ist der Punkt.

2 Suchen Sie mit der linken Hand den Akupunktur-Punkt auf dem linken Bein. Anschließend massieren Sie diese Punkte mit beiden Händen auf beiden Beinen etwa 2 Minuten lang. Wenn möglich lagern Sie die Füße danach hoch.

Müde Füße

Obwohl die Füße den ganzen Tag schwer arbeiten, werden sie oft vernachlässigt. Schlecht sitzende Schuhe, stickige Strümpfe und zu langes Stehen führen zu wunden, schmerzenden Füßen. Da die Füße so viele Nervenenden besitzen, kann eine Fußmassage den ganzen Körper erfrischen. Verwöhnen Sie sich nach einem anstrengenden Tag mit einer Selbstmassage!

Selbsthilfe durch Shiatsu

Ziel
Schmerzende Füße beruhigen

Häufigkeit
Täglich

Gegenanzeigen
Nicht auf Wunden massieren

Querverweis
Energieverstärker S. 40, Schwangerschaftsbeschwerden S. 68, Stress S. 74

Auch hilfreich bei
Erschöpfung, Anspannung, Erdung, Schwangerschaftsbeschwerden

Wenn Sie flexibel genug sind, setzen Sie sich mit gekreuzten Beinen und einer Stütze für den Rücken auf den Boden. Sie können die Massage aber auch auf einem Stuhl durchführen.

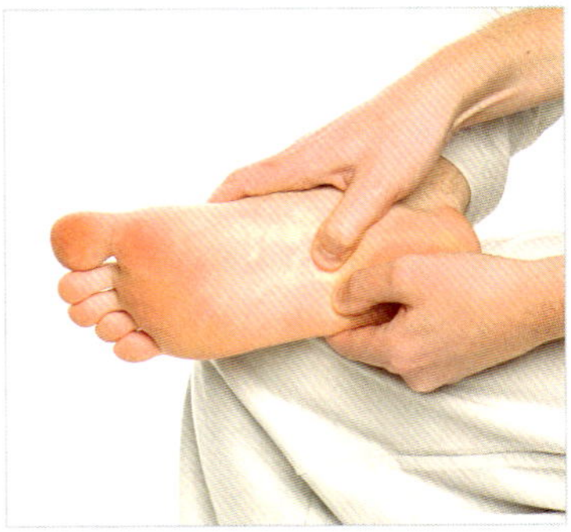

1 *Legen Sie den rechten Fuß auf den linken Oberschenkel. Legen Sie die Finger um den Fußrücken herum und pressen Sie mit beiden Daumen in einer geraden Linie von der Fersenmitte nach oben. Dann von der Innenseite der Ferse an der Fußwölbung entlang pressen und schließlich von der Außenseite der Ferse hoch bis zu den zwei kleinen Zehen. Diese Sequenz wiederholen. Jedes Mal etwa 1 Sekunde lang pressen.*

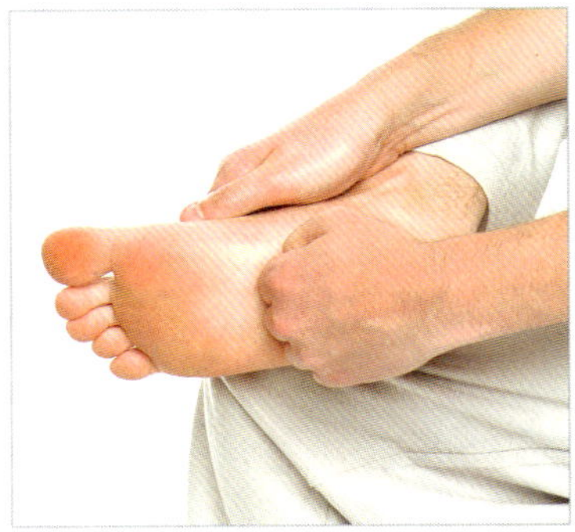

2 *Dann machen Sie mit der linken Hand eine Faust und rollen die Fingerknöchel über die Fußsohle, von der Ferse in Richtung Zehen. Etwa 3–4-mal wiederholen.*

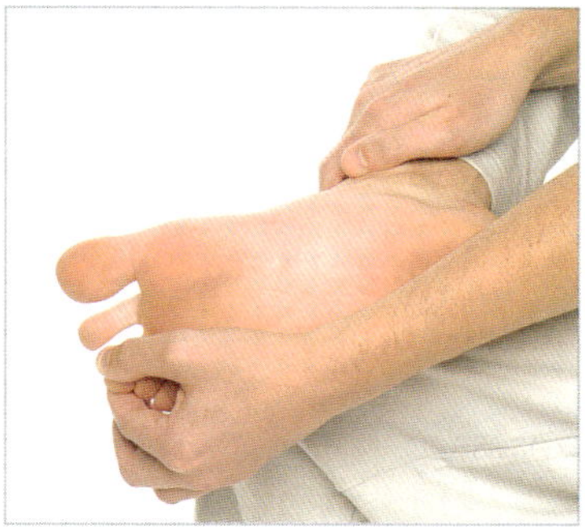

3 Anschließend nehmen Sie jeden einzelnen Zeh zwischen Daumen und Finger. Rollen und pressen Sie jeden Zeh etwa 15 Sekunden lang.

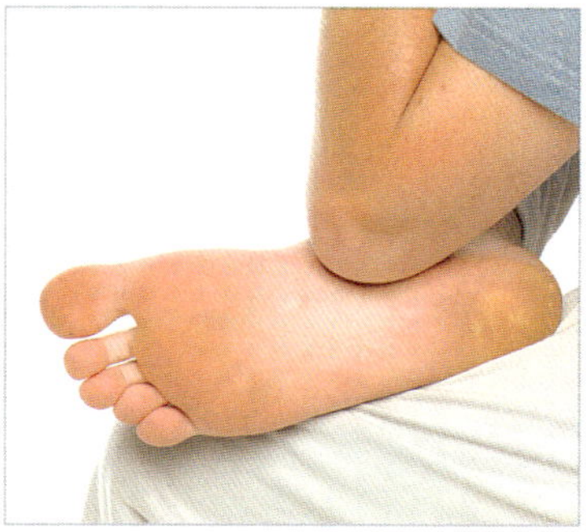

4 Wenn Sie flexibel genug sind, können Sie mit dem Ellbogen des linken Arms auf die Fußsohle pressen. Machen Sie kleine Kreise mit dem Ellbogen. Nach einigen Sekunden gleiten Sie zu einem anderen Punkt. Konzentrieren Sie sich auf empfindliche Stellen.

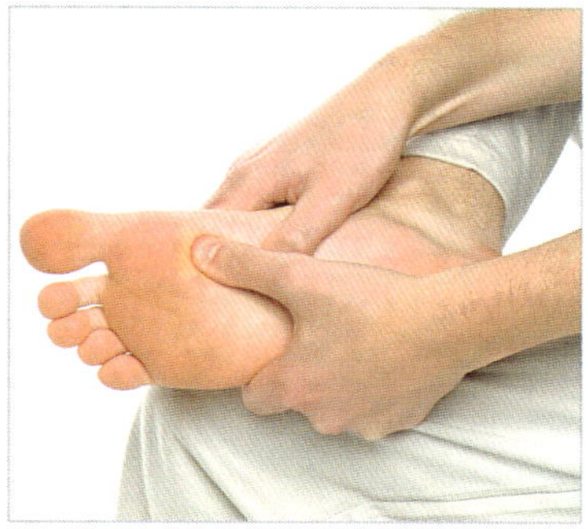

5 Beenden Sie die Übung, indem Sie den Fuß mit Fingern und Daumen pressen. Bei der Ferse beginnen, 1–2 Sekunden halten und dann Richtung Zehen gleiten. 2-mal wiederholen und dann den linken Fuß massieren.

Schnellhilfe durch Selbstmassage

ZIEL
Schmerzende Füße beruhigen

HÄUFIGKEIT
Täglich

GEGENANZEIGEN
Nicht auf offenen Wunden oder Geschwüren massieren

QUERVERWEIS
Energieverstärker S. 40, Schwangerschaftsbeschwerden S. 68, Stress S. 74

AUCH HILFREICH BEI
Erschöpfung, Anspannung, Erdung, Schwangerschaftsbeschwerden

Diese Technik können Sie sehr gut im Sitzen oder während der Arbeit am Schreibtisch durchführen.

1. Legen Sie einen Golfball unter einen Fuß, pressen Sie ihn auf den Boden und rollen Sie ihn mit dem Fuß umher.
2. Achten Sie darauf, dass Sie mit der Wölbung und unter den Zehen pressen.
3. Mit dem anderen Fuß halten Sie den Golfball am richtigen Platz.
4. Auf der anderen Seite wiederholen.

Zahnschmerzen

Zahnschmerzen entstehen durch Karies oder andere Zahnprobleme, die Sie natürlich von einem Zahnarzt untersuchen und beheben lassen müssen. Kurzfristige Schmerzen und die Schmerzen nach einer Zahnbehandlung können Sie allerdings mit diesen Selbstmassagen lindern.

Selbsthilfe durch Reflexzonentherapie

Ziel
Zahnschmerzen lindern

Häufigkeit
Wenn nötig

Gegenanzeigen
Nicht bekannt

Auch hilfreich bei
Schilddrüsendysfunktion, Nackenschmerzen

Diese Reflexzonenbehandlung kann Ihre Zahnprobleme nicht heilen, aber die Schmerzen kurzfristig lindern.

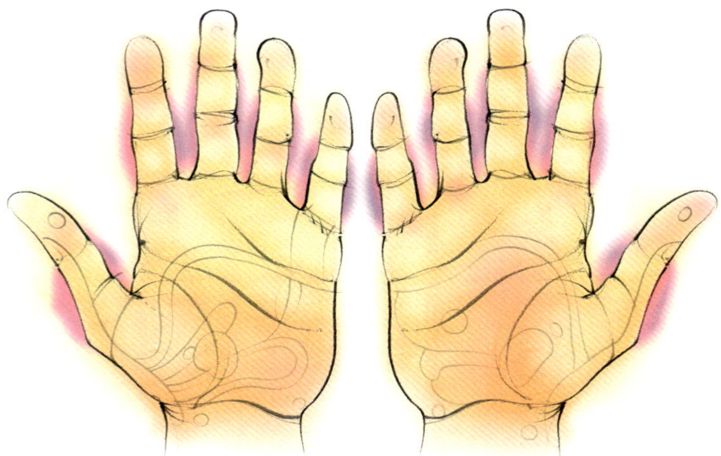

1 *Die Reflexzone für Zähne befindet sich auf dem ersten Knöchel der Finger und Zehen (siehe oben). Mit dem Zeigefinger und Daumen der einen Hand stimulieren Sie jeweils den ersten Fingerknöchel der anderen Hand, einschließlich des ersten Daumengelenks. Mit der Kneiftechnik (siehe S. 20) behandeln Sie jeden Finger etwa 1 Minute.*

2 *Dann kneifen Sie die ersten Knöchel der Zehen (außer dem großen Zeh) auf die gleiche Weise.*

Schnellhilfe durch Akupressur

ZIEL
Zahnschmerzen lindern

HÄUFIGKEIT
Wenn nötig

GEGENANZEIGEN
Schwangerschaft

QUERVERWEIS
Verstopfung S. 36,
Kopfschmerzen S. 46

AUCH HILFREICH BEI
Verstopfung, Kopfschmerzen, Gesichtsschmerzen

Der bekannte Akupunktur-Punkt Dickdarm 4 hilft auch Zahnschmerzen zu lindern. Er kann auch stimuliert werden, um Zähne und Zahnfleisch nach einer Behandlung zu beruhigen.

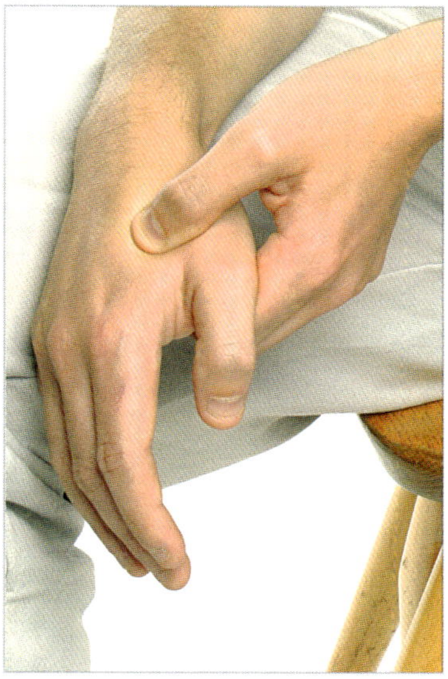

Der Akupunktur-Punkt Dickdarm 4 befindet sich im Gewebe zwischen dem Daumen und dem Zeigefinger auf dem Handrücken. Um den Punkt zu finden, gleiten Sie mit dem Daumen an die Stelle, an der die Knochen des Zeigefingers und des Daumens aufeinander treffen. Dann pressen Sie in den Knochen des Zeigefingers, bis Sie auf eine empfindliche Stelle treffen. Diesen Punkt massieren Sie fest in kleinen Kreisen, bis der Schmerz nachlässt.

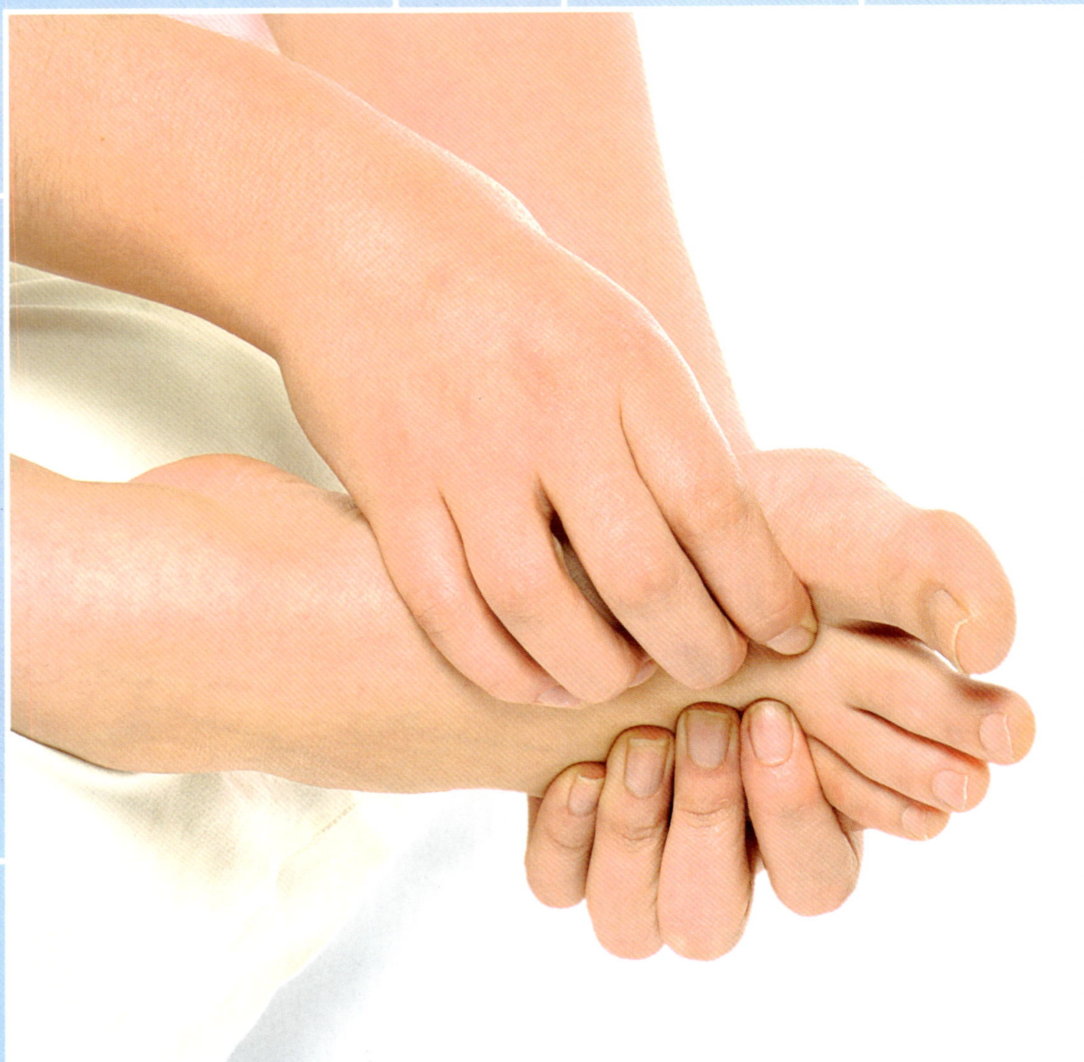

3 WELLNESS-PROGRAMM

Do-In: *die traditionelle Selbstmassage*

Do-In ist eine traditionelle Selbstmassage aus Asien, die Anspannungen löst, Akupunktur-Punkte stimuliert, steife Gelenke lockert und den gesamten Körper belebt. Heute gehen die Akupressur-Therapeuten davon aus, dass sich ihre Kunst im Altertum aus der natürlichen Tendenz heraus entwickelt hat, schmerzende Bereiche des Körpers zu reiben und zu pressen. Taoistische Mönche waren die ersten, die diesen selbstheilenden Instinkt systematisierten und der Methode den Namen Tao-Yin gaben („Der Weg" oder „Sanfte Annäherung"). Tao-Yin wurde zum einen als Heilmittel, zum anderen als Methode zur Kräftigung der allgemeinen Gesundheit eingesetzt. Im Japanischen wurde daraus der Begriff „Do-In". Heute wird diese Technik als eine Art Selbsthilfe-Shiatsu verwendet.

Das Ziel dieser Selbstmassage ist es, den Energiefluss durch jeden einzelnen Meridian (Energiekanäle in der Chinesischen Medizin, siehe S. 18) zu harmonisieren. Do-In hilft, Giftstoffe zu lösen, Muskeln und Haut zu kräftigen, die Durchblutung anzuregen, die Beweglichkeit zu fördern, Schmerzen zu lindern und die innere Aufmerksamkeit zu fördern.

Do-In kann im Sitzen oder im Stehen ausgeführt werden. Sie können es als schnelle, fünfminütige, erfrischende Massage oder als einstündige Sitzung zur Genesung einsetzen, indem Sie die Gelenke, Muskeln und wunden Akupunktur-Punkte intensiver und tiefer bearbeiten. Danach sollten Sie etwas entspannen, damit die Massage auf Körper und Geist einwirken kann. Dafür schließen Sie auf einem bequemen Stuhl einige Minuten lang die Augen oder Sie legen sich auf den Boden und ruhen zehn Minuten. Beginnen Sie mit dem Kopf und arbeiten Sie sich zu den Füßen hinunter wie auf S. 87–93 beschrieben. Sie können aber auch nur Teile der Sequenz auswählen, wenn Sie sich auf eine bestimmte Körperregion konzentrieren möchten.

Kopf

1 Fäuste ballen und mit ganz lockerem Handgelenk oben, seitlich und hinten auf den Kopf klopfen.

2 Mit den gleichen, lockeren Fäusten in kleinen Kreisen seitlich auf den Kopf klopfen.

3 Dann mit den Fingerspitzen vom Haaransatz auf der Stirn über die Schädelkrone bis zum Nacken in einer kämmenden und/oder kreisenden Bewegung streichen.

Gesicht

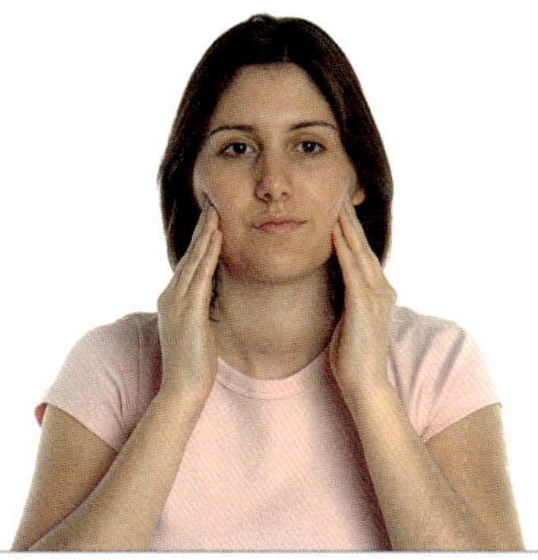

1 Mit den Fingerspitzen die Stirn kreisförmig reiben. In der Mitte beginnen und zu den Schläfen hin massieren.

2 Mit kleinen Kreisen die Kiefermuskeln und die Wangen massieren.

3 Die Nasenspitze mit kleinen Kreisen der Fingerspitzen massieren.

4 Die Ohren reiben und pressen.

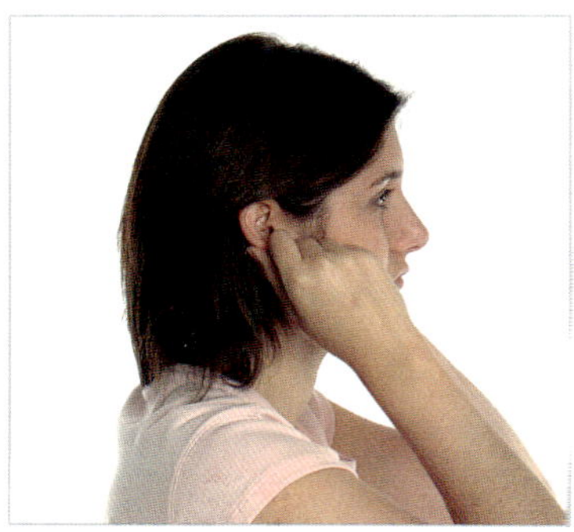

Hals

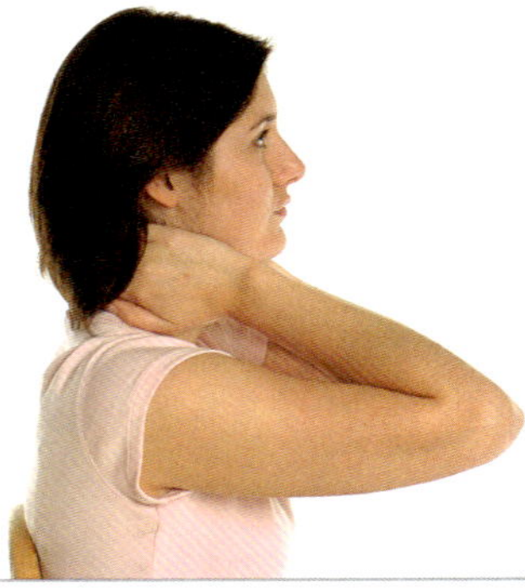

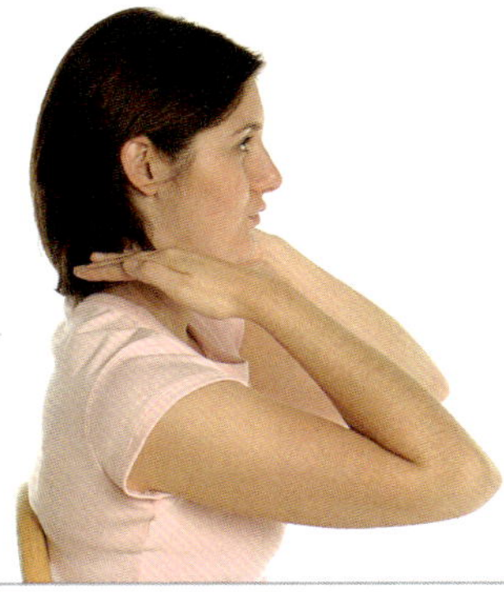

1 Mit den Fingerspitzen kräftig die Kehle hochstreichen.

2 Dann die Muskeln am Nacken und seitlichen Hals kneten.

3 Tief einatmen und mit der Ausatmung das rechte Ohr zur rechten Schulter hin neigen, einatmen und mit der Ausatmung das linke Ohr zur linken Schulter neigen. Ein- und ausatmen, das Kinn zur Brust strecken. Ein- und ausatmen, nach oben schauen und den Hals dehnen. Dann mit den Handkanten den hinteren Hals bis zu den Schultern klopfen.

Schultern

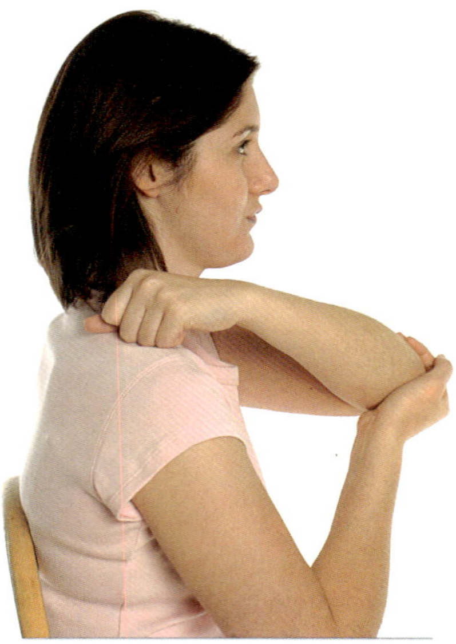

1 Mit lockeren Fäusten auf die Schultern klopfen. Mit rechts auf die linke Schulter und umgekehrt.

2 Die Region vom Halsansatz bis zum Schultergelenk fest greifen und kneten. Auf der anderen Seite wiederholen.

3 Dann die Schultern mehrmals nach vorne und nach hinten kreisen.

4 Einatmen, Schultern zu den Ohren ziehen und mit einer kräftigen Ausatmung fallen lassen. 3-mal wiederholen.

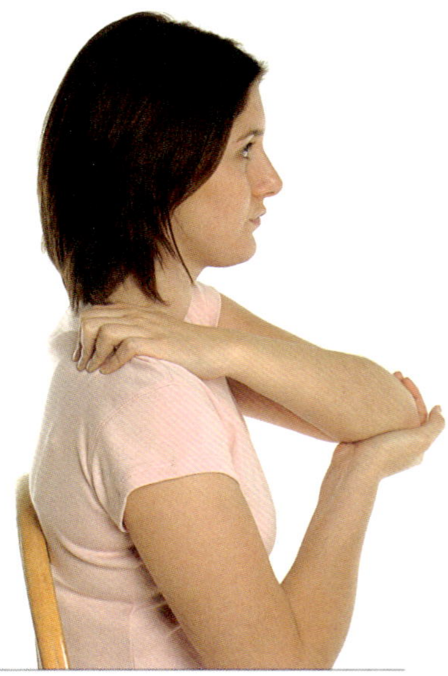

Hände und Arme

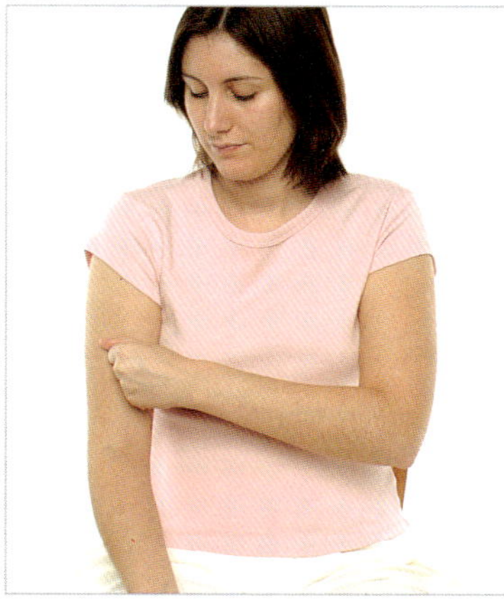

1 Mit lockeren Fäusten auf dem Innenarm nach unten (von der Achsel bis zum Handgelenk) und auf dem Außenarm nach oben klopfen. 3-mal wiederholen.

2 Die Muskeln des Armes von der Achsel bis zur Hand kneten, drücken und wringen.

3 Dann mit der Hand kräftig nach unten streichen.

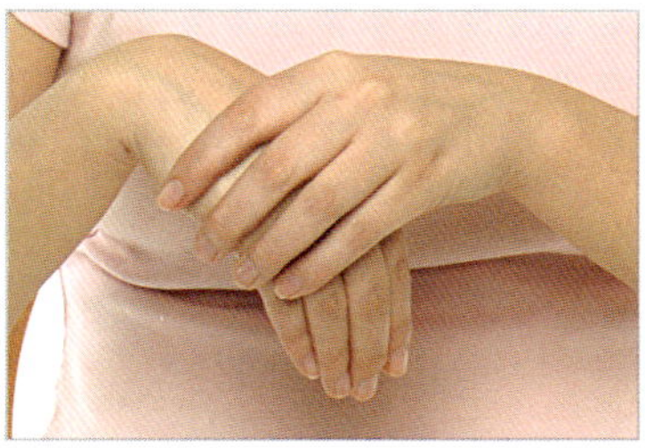

4 Das Handgelenk in beide Richtungen dehnen.

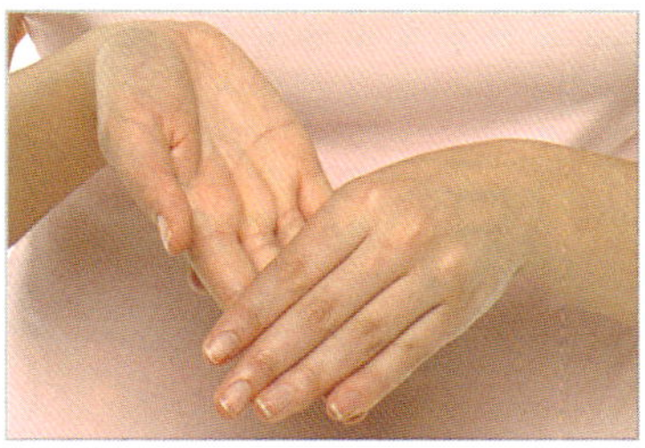

5 Dann sanft die Finger nach unten drücken, um das Handgelenk noch mehr zu dehnen.

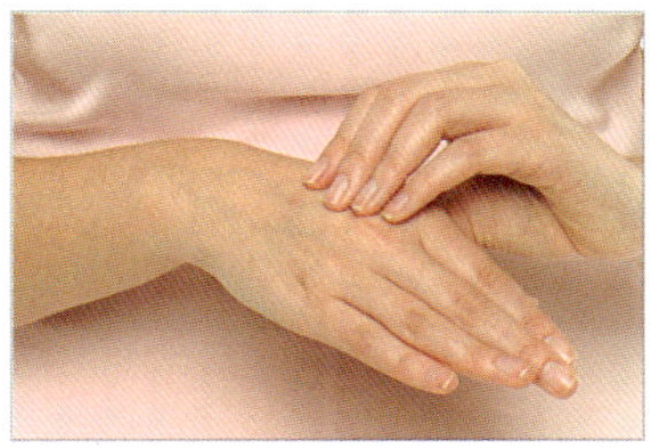

6 Mit den Fingerspitzen die Regionen zwischen den Handknochen massieren.

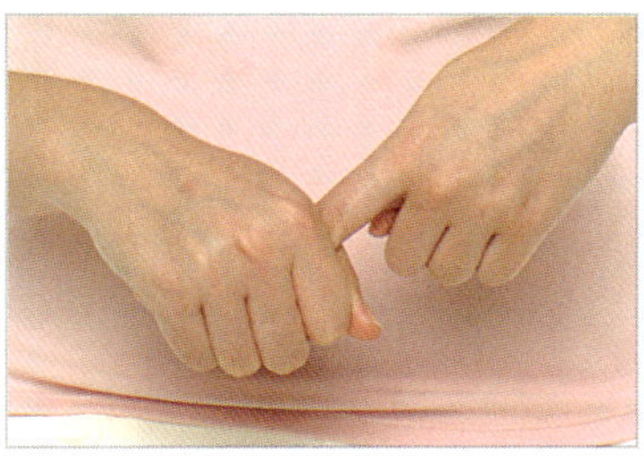

7 Jeden einzelnen Finger und Daumen vom Ansatz bis zur Fingerspitze pressen und wringen.

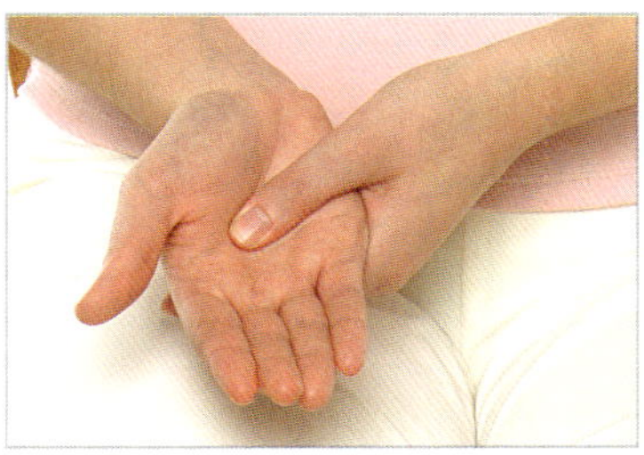

8 Mit dem Daumen die Innenfläche der Hand massieren.

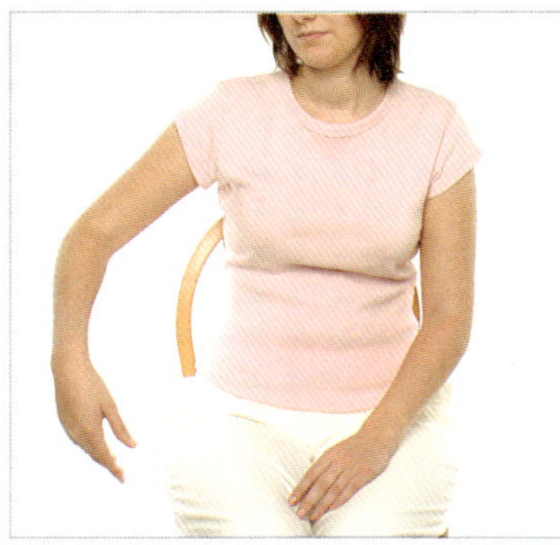

9 Den Arm ausschütteln, alles am anderen Arm wiederholen.

Brustkorb

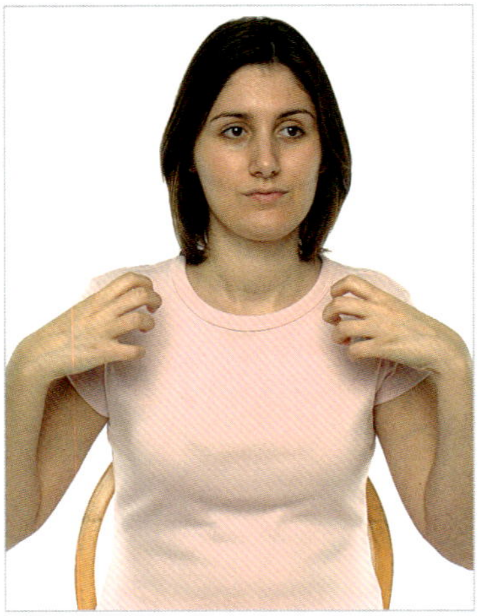

1 Die Finger anwinkeln und steif machen. Dann mit den Fingerspitzen während des Einatmens schnell auf den Brustkorb klopfen.

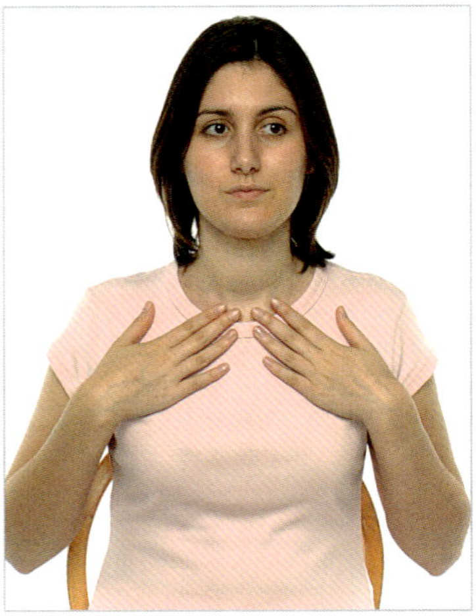

2 Kräftig durch den Mund ausatmen und mit der ganzen Handfläche auf die Rippen klopfen. 3-mal wiederholen.

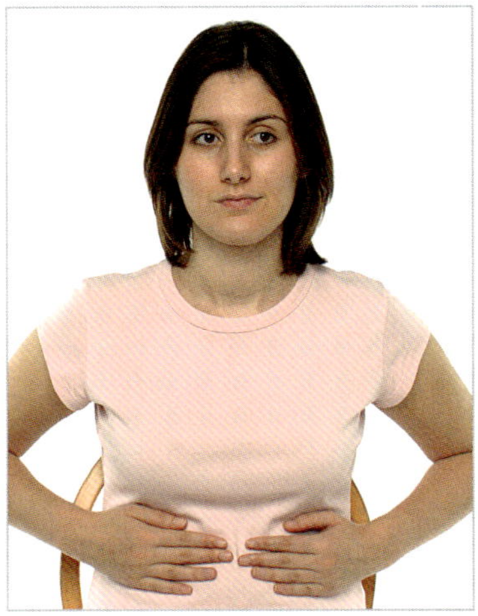

3 Dann diesen Schritt seitlich auf den Rippen wiederholen.

4 Die Finger direkt unter den Brustkorb legen. Tief einatmen und bei der Ausatmung nach vorne beugen und mit den Fingerspitzen tief im Bauch massieren. 3–5-mal wiederholen und dabei jedes Mal an eine andere Stelle gleiten.

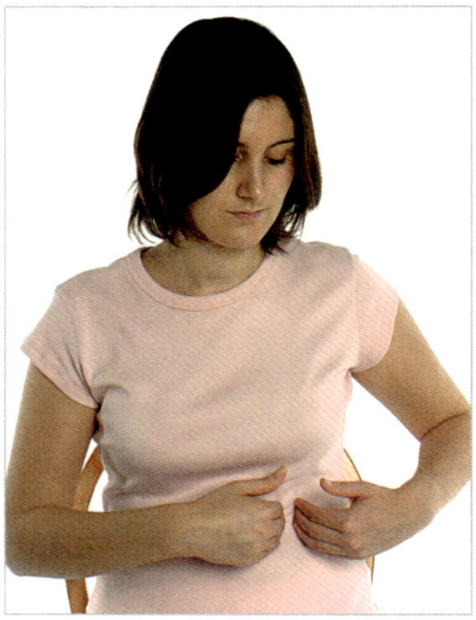

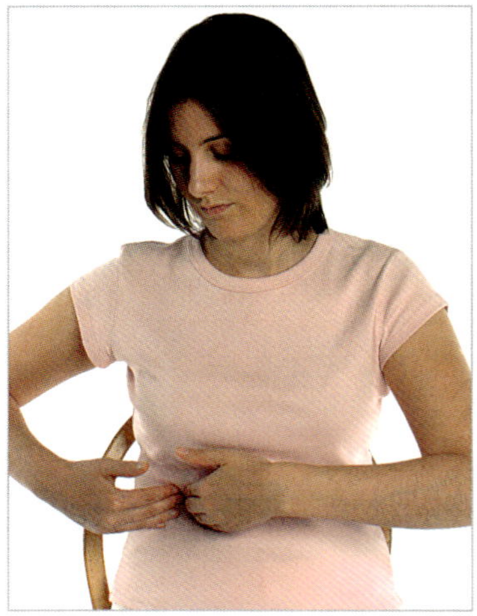

5 Dann mit allen Fingerspitzen auf dem Bauch kleine Kreise ziehen. Beginnen Sie direkt unter dem Brustbein und stellen Sie sich vor, das sei 12.00 Uhr. Etwa 15 Sekunden massieren. Danach mit den Fingerspitzen auf 1.00 Uhr gleiten und wieder in kleinen Kreisen massieren. Weitermachen, bis Sie wieder bei 12.00 Uhr angekommen sind. Jetzt die Richtung wechseln und wieder an allen 12 Punkten kreisförmig massieren.

Rücken

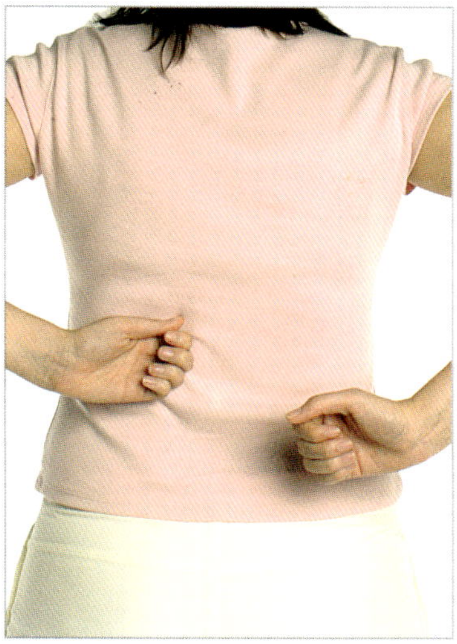

1 Mit lockeren Fäusten auf den unteren Rücken von den Rippen bis zum Steißbein klopfen. Dann auf dem Steißbein und auf dem Gesäß weiterklopfen.

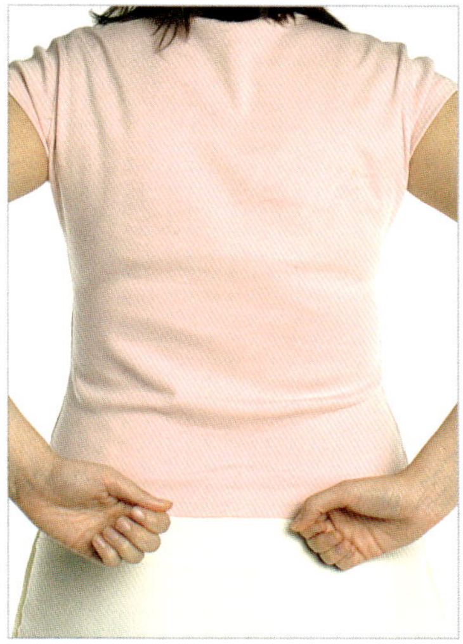

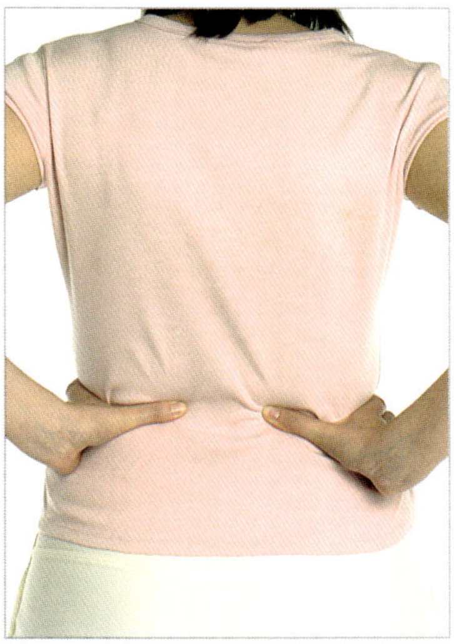

2 Die Hände an die Taille legen, die Finger zeigen nach vorne, die Daumen nach hinten. Gleiten Sie mit den Daumen zu den Muskeln entlang der Wirbelsäule. Dann lehnen Sie sich nach hinten, pressen die Daumen in die Muskeln hinein und massieren sie. Mit den Daumen etwas weiter hochgleiten und wiederholen.

Beine und Füße

Diese Übungen können Sie entweder auf einem Stuhl oder auf dem Boden sitzend durchführen.

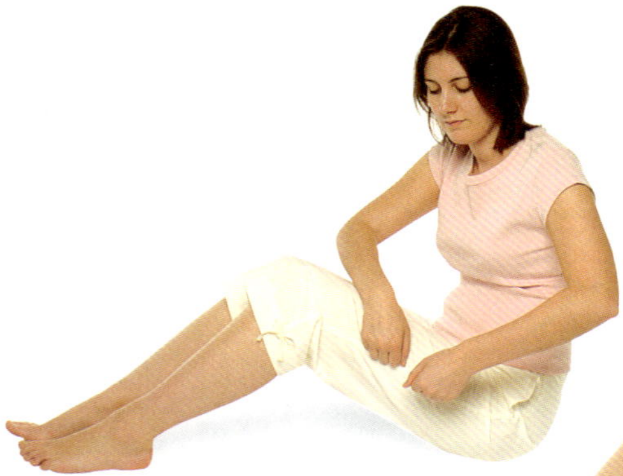

1 Mit lockeren Fäusten auf der Außenseite der Beine nach unten und auf der Innenseite mit viel Kraft nach oben klopfen. 3-mal wiederholen.

2 Dann mit dem Handrücken der offenen Hand die Rückseite der Beine nach unten klopfen. Auch hier mit viel Druck arbeiten und 3-mal wiederholen.

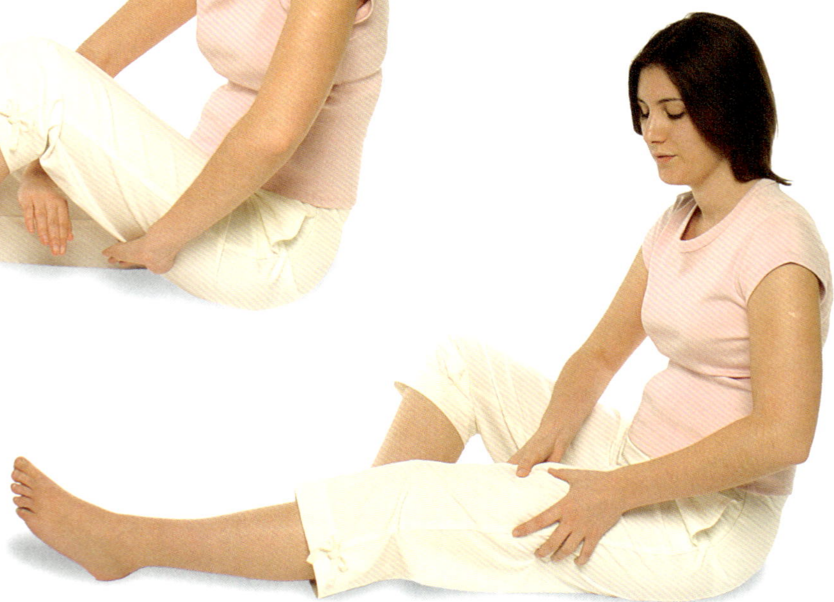

3 Mit beiden Händen die Beinmuskulatur kneten, drücken und wringen, von der Leiste bis zu den Knöcheln.

Fortsetzung Beine und Füße

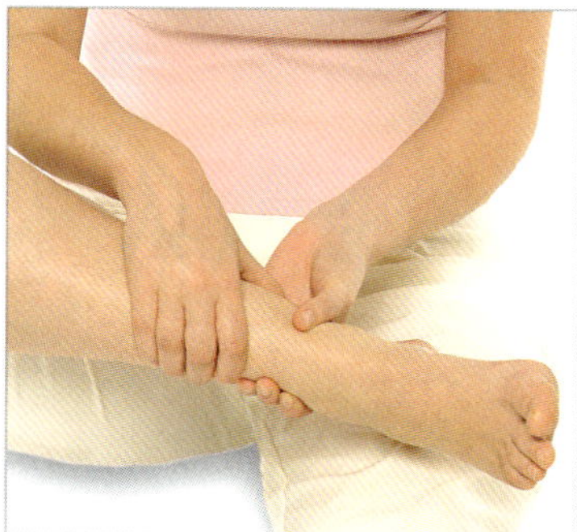

4 Legen Sie einen Fuß auf Ihren Oberschenkel. (Wenn nötig, setzen Sie sich auf einen Stuhl.) Den Knöchel mit beiden Händen halten und den Fuß fest ausschütteln.

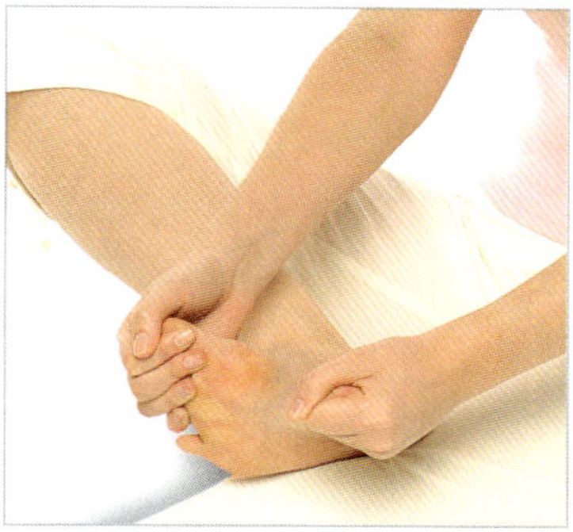

5 Die Zehen nach hinten beugen und mit der lockeren Faust der anderen Hand auf die Fußsohle klopfen.

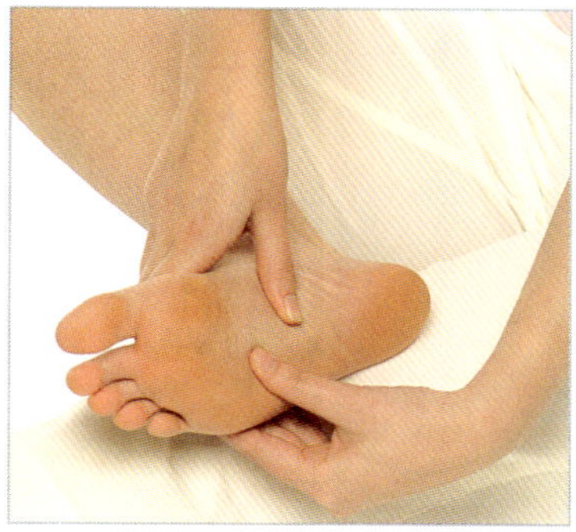

6 Mit beiden Daumen die Fußsohle massieren.

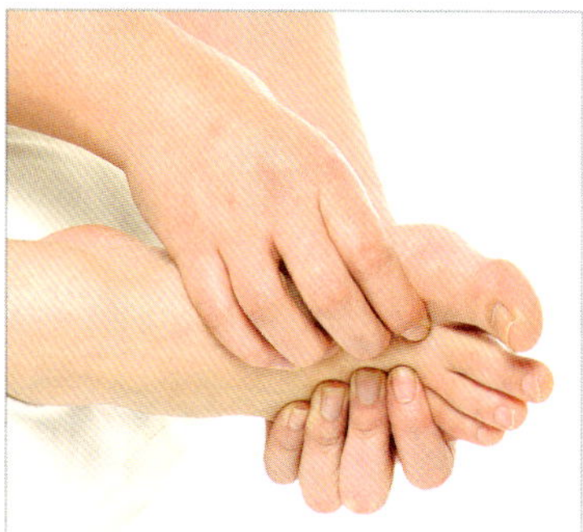

7 Mit den Fingerspitzen den Raum oben zwischen den Fußknochen massieren.

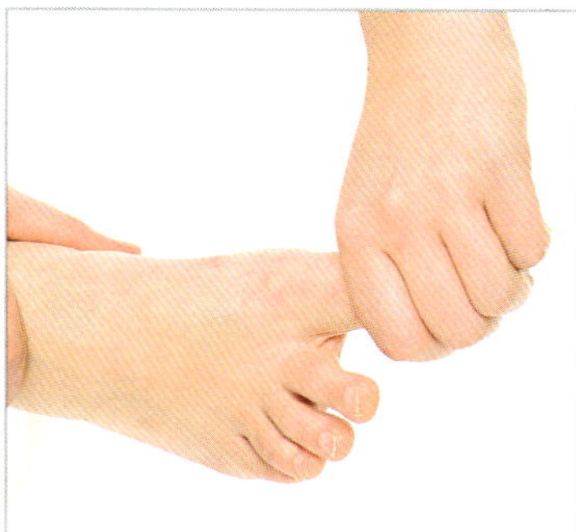

8 Jeden einzelnen Zeh massieren und ziehen.

9 Dann das ganze Bein sanft ausschütteln. Die Übung am anderen Bein wiederholen. Anschließend 5–10 Minuten zurückgelehnt mit geschlossenen Augen entspannen. Tief atmen und spüren, wie der Bauch sich bei jedem Atemzug hebt und senkt. Wenn Sie fertig sind, öffnen Sie die Augen und spüren den Energieschub, den Sie erhalten haben.

Stichwortverzeichnis

Bibliographie/Danksagungen

Traditionelle Chinesische Medizin

Beinfield, Harriet u. Korngold, Efrem:
Traditionelle Chinesische Medizin.
München 2005

Hecker, Hans-Ulrich u.a.:
Handbuch Traditionelle Chinesische Medizin.
Stuttgart 2003

Hong Choon Tan, Linda:
Akupunktur & Co.:
Traditionelle Chinesische Medizin schnell erklärt.
Stuttgart 2003

Steinbrecht-Baade:
Traditionelle Chinesische Medizin.
Rastatt o.J.

Massage

Schneider, Hildegard u. Steininger, Rita:
Gesund durch Akupunkt-Massage nach Penzel.
München 2004

Storck, Ulrich:
Technik der Massage.
Stuttgart 2004

Reflexzonentherapie

Kunz, Barbara u. Kunz, Kevin:
Reflexzonenmassage.
München 2003

Marquardt, Hanne:
Praktisches Lehrbuch der Reflexzonentherapie am Fuß.
Stuttgart 2001

Muth, Crista:
Heilen durch Reflexzonentherapie an Füßen und Händen.
München 2003

Akupressur

Kolster, Bernhard C. u. Waskowiak, Astrid:
Knaurs Atlas der Akupressur.
München 2003

Wagner, Franz:
Akupressur, Heilung auf den Punkt gebracht.
München 2004

Ich möchte meinen Lehrern danken: Michael Reed Gach und den Lehrern des Akupressur-Instituts in Kalifornien und Saul Goodman und den Lehrern der Internationalen Shiatsu-Schule in Pennsylvania. Dank geht an Rene Stephens, Valerie Hartman und Genie Hardee, die das Manuskript gelesen und mich mit ihren Vorschlägen und ihrer Fachkenntnis unterstützt haben. Auch Jane Ellis bei Chrysalis Books möchte ich danken für ihre Geduld und ihre methodische Organisation bei der Herausgabe des Buches sowie Juliet Percival für ihre wunderschönen Zeichnungen. Einen ganz besonderen Dank an meine liebe Freundin Martina Barnes für ihre Zuneigung und Unterstützung. Zuletzt schließlich möchte ich meinem Mann Bhavesh und meinem kleinen Sohn Bhaerava danken, dass sie in unserem Leben Raum für das Entstehen dieses Buches geschaffen haben.

Kristine Kaoverii Weber